みんなの日本語 初級II 第2版

Minna no Nihongo

聴解（ちょうかい）タスク25

牧野昭子・田中よね・北川逸子［著］

スリーエーネットワーク

©2005 by Makino Akiko, Tanaka Yone and Kitagawa Itsuko

All rights reserved. No part of this publication may be reproduced, stored in a retrieval system, or transmitted in any form or by any means, electronic, mechanical, photocopying, recording, or otherwise, without the prior written permission of the Publisher.

Published by 3A Corporation.
Trusty Kojimachi Bldg., 2F, 4, Kojimachi 3-Chome, Chiyoda-ku, Tokyo 102-0083, Japan

ISBN978-4-88319-771-2 C0081

First published 2005
Second Edition 2018
Printed in Japan

はじめに

　外国語を聞いて理解することは、話すことと同じぐらい、時には話すことより難しいと言われます。もちろん個人差もあり、どちらが難しいかを単純に比較することはできませんが、聞き取りを苦手とする学習者が多いことは確かなようです。

　聞く力を養成するには、わからない部分があっても、内容をおおまかにつかむ練習とともに、必要な情報を的確にとらえる練習が大切だと言われています。しかし、初級の段階では、未習の文型や表現・語彙の入ったものを聞き、その中で必要な情報を取り出すという作業は、学習者にとっては負担が大きく、意欲や自信を失わせてしまうことにもなりかねません。また、文の意味の把握を類推に頼るあまり、思わぬ誤解につながってしまうということもあります。正しく聞き取る力を養うためには、学習したことを十分に応用して、ポイントをつかむ練習と同時に、細部まで正確に聞き取る訓練を可能にする教材が必要だと言えます。

　さらに、『みんなの日本語』を使って日本語を教えている現場からは「学習内容に沿った聞き取り練習のできる教材が欲しい」という声も聞かれました。そこで、『みんなの日本語 初級Ⅱ』で学習した文型、語彙を使うことにより、学習者が無理なく聴解能力を向上させることを目的に、学習者が会話の当事者の立場に立って聞けるような場面や状況を設定し、その中で必要な情報をとらえるためのタスク中心の聞き取り教材を作成することにしました。そして、2005年3月に『聴解タスク25』を出版しました。

　それから15年近く経ち、私たちを取り巻く社会は、日本のみならず、世界中で様変わりしています。時代の変化に合わせ、『みんなの日本語 初級Ⅱ 本冊』も『みんなの日本語 初級Ⅱ 第2版 本冊』として2013年に出版されました。その学習内容に沿って、『聴解タスク25』も語彙、表現、会話の状況設定などを含め、見直しを行いました。日本語を聞いてわかる喜びと楽しさを味わいながら、聞き方のコツを身につけていけるように、この『みんなの日本語 初級Ⅱ 第2版 聴解タスク25』を活用していただけることを願っております。

　最後になりましたが、初版作成時から、スリーエーネットワークの佐野智子さんをはじめ、いろいろな方にアドバイスやご協力をいただきましたこと、この場をお借りして、御礼申しあげます。

　2018年6月

著者一同

この教材をお使いになる先生方へ

この教材の特色

1. この教材は『みんなの日本語 初級II 第2版 本冊』に準拠した聞き取り教材で、各課の内容は『みんなの日本語 初級II 第2版 本冊』の学習項目に対応しています。問題は各学習項目を一つずつ扱っているので、学習した文型ごとに聞き取りタスクができるようになっています。各問題で扱われている学習項目については、目次を参照してください。

2. 原則として、文型、語彙・表現は『みんなの日本語 初級II 第2版 本冊』の該当の課までに学習したものを扱っています。ただし、未習の語彙でも、タスクに必要なものは訳（英語、中国語、韓国語、ベトナム語）を付けて使用しています。なお、日常生活で耳にする、いわゆるフィラー（感嘆詞、間投詞など）は、自然な会話の流れのために、未習、既習にかかわらず入れてあります。

3. 聞き取る会話はできるだけ、学習者が会話の担い手となるような状況を設定しました。学習者の立場は学生、社会人などさまざまですが、日本人を相手に、あるいは外国人同士で日本語を媒介語として成り立つコミュニケーション場面を採用するようにしました。これにより、聞き取りの練習とともに、日本語での会話の進め方を耳で覚えるという副次的な効果も狙っています。

4. 問題には、絵を選ぶ、必要な語彙や数字を書く、文を完成する、適切な応答文を選ぶなど、いろいろな形式があります。いずれも、どんな情報を聞き取ればよいかは問題文に示してあります。

5. 各学習項目に対応した問題が揃えてあるので、授業では文型導入、あるいは学習後の確認作業にも使えますし、初級を終了した学習者にも復習教材として使用できます。また、聞き取る会話の内容を使って、クラスでの発話活動をはじめ、さまざまな教室活動に応用できるものもあります。

基本的な使い方

　問題が扱っている項目を学習した後で、CDを聞かせてください。学習したすぐ後より、何日かおいて聞かせるほうが、復習にもなりますし、語彙・文型の定着にもよいようです。

　教室で使う場合は、問題の難易度、学習者のレベルによって、所要時間が異なります。各課、10分から30分程度を一応の目安にしています。

手順

1．問題文を読ませて、何を聞き取ればよいか、確認してください。
2．未習語彙は訳が載っていますから、確認してください。『みんなの日本語』以外のテキストをお使いの先生方は、別冊スクリプトを見て、未習語彙がないかどうか、確かめてください。未習語彙がある場合は、学習者の負担の程度によって、『みんなの日本語 初級Ⅱ 第2版 翻訳・文法解説』の各国語版などを参考に、適当な手当てをしてください。
3．絵や図があったら、どんな場面か、何を示しているか、考えさせてください。
4．語句や数字を書き込む問題の場合は、文を読み取る時間を取って、意味を考えさせてください。
5．「例」を聞かせて、やり方を確認してください。
6．原則として、一続きの会話は途中で切らずに聞かせてください。もう一度聞かせるときも同様です。長めの会話や説明を聞くときは、ポイントをメモしながら聞くようにさせるとよいでしょう。
7．答えを書かせるときは、CDを一時停止して、書く時間を与えてください。
8．CDを最後まで聞いたら、答えを確認します。間違えていたら、その問題の会話をもう一度聞かせます。わからない部分があったら、CDを止めて聞き直しても構いません。どうしてもわからないときは、別冊スクリプトを参考にしてください。

音声アプリについて

　この教材の音声はアプリを使ってスマートフォン等で聞くことができます。詳しくは https://www.3anet.co.jp/np/resrcs/244420/ を参照してください。

学習者の皆さんへ

　これは『みんなの日本語 初級Ⅱ 第2版』に準拠した聞き取り練習の教材です。外国語を聞いて理解することは難しいことですが、まず、その音に慣れ、必要な情報を聞き取る訓練を少しずつ重ねることが大切です。

　この教材では、『みんなの日本語』を使って日本語を勉強している人たちが、学習の進度に合わせて、習ったことばや文型を使って聞き取る練習ができるようになっています。もちろん、他の教科書を使って勉強している人たちも学習項目に合った問題を選んで練習できます。

　学習したことが聞いてわかるようになるのは楽しいことです。毎日、続けましょう。

使い方

1. 問題文を読んでください。何をポイントに聞いたらいいか、書いてあります。
2. どの問題も原則として習ったことばだけが使われていますが、新しいことばが出てくることがあります。その場合は、問題文の下に訳（英語、中国語、韓国語、ベトナム語）や絵が載っていますから、確認してください。
3. 絵や図があったら、よく見てください。どんな場面か、何を示しているか、考えてください。
4. 文の中の（　　）に書き込むときは、まず前後の部分を読んでください。
5. CDを聞きながら、問題をします。「例」がついていますから、最初に「例」をよく聞いて、問題のやり方を理解してください。
6. 問題と問題の間のポーズは、必ずしも十分な長さではありませんから、適当にCDを止めて答えを書いてください。
7. 1回でわからないときは、2～3回聞きなおしてください。
8. 答えが正しいかどうか、「答え」のページでチェックしてください。
9. 何回聞いてもわからないときは、別冊に音声スクリプトが載っていますから、参考にしてください。

音声アプリについて

　この教材の音声はアプリを使ってスマートフォン等で聞くことができます。
　詳しくはhttps://www.3anet.co.jp/np/resrcs/244420/ を見てください。

To the Learner

This is a listening comprehension exercise textbook for use with the *Second edition of Minna no Nihongo shokyu II*.

It is difficult to understand a foreign language when listening to it, especially at the early stages. Therefore, it is important, first of all, to become used to the sound of the language, and then to gradually build up the ability to pick out important bits of information through repeated listening.

This textbook has been made to match the degree of progress of learners using *Minna no Nihongo*; consequently, they can practice listening to the words and sentence patterns they have just studied. Of course, by selecting relevant learning points items, it can also be used by those using other textbooks.

Becoming able to hear and understand what one has studied is an enjoyable process. With this book, we hope you can continue this process every day.

How to Use This Book

1. Read the questions. Important points you should listen for will be indicated.
2. While the questions basically use the vocabulary studied in the main text, occasionally new words will appear. For such words, please refer to the translation or the accompanying picture.
3. Look closely at any pictures or diagrams on the page. Consider the type of situation or what is trying to be expressed.
4. For sentences in which you have to write words or expressions in brackets, make sure you read the complete sentence before doing so.
5. Answer the question as you listen to the CD. Listen to the example at first, and you will clearly understand how to answer the question.
6. The pause between questions is not very long. If necessary, stop the CD while you write your answers.
7. If you do not understand what is being said the first time you listen, listen to it two or three times.
8. Refer to the answer page to check your answers.
9. If after listening many times, you still do not understand, please refer to the separate CD booklet.

Study App

There is an App for smartphones and tablets that allows you to listen to the contents of the CDs. You can check what is on the App at our website:https://www.3anet.co.jp/np/resrcs/244420/.

(7)

致学习者们

　　本书是根据《みんなの日本語 初級Ⅱ 第2版》编写的听力练习教材。
　　要听懂外语不是一件容易的事情，首先要熟悉其发音、反复进行收听各种所需信息的训练，对于提高听力来说，这是十分重要的。
　　本教材是为使用《みんなの日本語》学习日语的人能够根据自己的学习进度，运用学过的单词、句型进行听力练习而编写的。当然，使用其他教科书学习的人也可以从本教材中选择与自己学过的语法相应的项目进行练习。
　　自己学过的内容逐渐可以听懂了，这是一件非常愉快的事情。让我们天天来练习吧，持之以恒，必有成效。

使用方法

1．请先看问题。问题提示了什么是听时的重点。
2．所出问题原则上使用的都是学过的单词，但也会有一些新单词出现。凡是新单词都附有可做参照的翻译及插图。
3．带有图和画时，要仔细看。想一想这是什么场面，表示的是什么？
4．在填写句子中的（　）时，请先读一下前后的文章。
5．一边听CD，一边解答问题。各题均有例文，请先仔细听例文，考虑问题的解法。
6．问题与问题之间的提问间隔并不一定很长，所以可以在需要时把CD停下来写答案。
7．一遍没听懂时，请再听第二遍、第三遍。
8．请对照解答确认自己的回答是否正确。
9．反复听几遍后仍然听不懂时，请参考附册所载CD内容。

关于语音app（应用程序）

　　本教材的语音可以利用app，用智能手机等收听。
　　详细请看https://www.3anet.co.jp/np/resrcs/244420/。

학습자 여러분에게

　이 책은「みんなの日本語 初級Ⅱ 제2판」을 기준으로 만든 듣기 연습 교재입니다. 외국어를 듣고 이해하는 것은 어려운 일이지만 우선 그 언어에 익숙해져 필요한 정보를 알아듣는 훈련을 조금씩 반복하는 것이 중요합니다.

　이 교재는「みんなの日本語」로 일본어를 공부하고 있는 분들이 학습진도에 따라 익힌 단어나 문형을 사용하여 듣기 연습을 할 수 있도록 되어 있습니다. 물론 다른 교과서로 공부하고 있는 분들도 학습항목에 맞는 문제를 선택하여 연습할 수 있습니다.

　학습한 것을 듣고 이해할 수 있게 되는 것은 기쁜 일입니다. 매일 꾸준히 연습합시다.

사용방법
1. 제시문을 읽으십시오. 무엇을 포인트로 들으면 좋을지 쓰여 있습니다.
2. 원칙적으로 배운 단어만을 사용하고 있습니다만 새로운 단어가 나오는 경우가 있습니다. 그런 경우에는 제시문 아래에 뜻이나 그림이 실려 있으므로 참조하시기 바랍니다.
3. 그림이나 도표가 있으면 잘 보십시오. 어떤 장면인가, 무엇을 나타내고 있는가를 생각하십시오.
4. 문장 안의 (　)에 써넣는 문제는 우선 앞뒤의 부분을 읽으십시오.
5. CD를 들으면서 문제를 풉니다.「예」가 나와 있으므로 먼저 그「예」를 잘 듣고 푸는 방법을 이해하십시오.
6. 문제를 풀기 위한 시간이 꼭 충분한 것은 아니므로 적당히 CD를 멈추고 답을 쓰십시오.
7. 한 번 듣고 잘 이해하지 못했을 때는 두세 번 다시 들으십시오.
8. 정답의 여부는「해답」페이지에서 확인하십시오.
9. 몇 번 듣고도 잘 모를 때에는 별책에 CD의 내용이 실려 있으므로 참고 하십시오.

음성 애플리케이션에 대해
　이 교재의 내용은 애플리케이션을 통해 스마트폰 등으로 들을 수 있습니다.
　자세한 내용은 https://www.3anet.co.jp/np/resrcs/244420/ 를 통해 확인하십시오.

Thân gửi tới người học

Cuốn sách này là tài liệu luyện nghe hỗ trợ cho cuốn *Minna no Nihongo Shokyu II-phiên bản 2*. Để nghe hiểu một ngoại ngữ không phải là điều dễ dàng, nhưng đầu tiên các bạn cứ làm quen dần với âm đơn, và kiên trì luyện tập sẽ giúp ích rất nhiều cho khả năng nghe hiểu.

Cuốn sách này được thiết kế phù hợp với tiến độ học cũng như áp dụng các điểm ngữ pháp từ bộ sách *Minna no Nihongo*. Tất nhiên, người học vẫn có thể sử dụng các tài liệu học tiếng Nhật khác kết hợp với cuốn sách này hiệu quả bằng cách chọn các bài nghe phù hợp với mục ngữ pháp tương ứng trong tài liệu khác.

Niềm vui khi học ngoại ngữ chính là có thể nghe hiểu được những điều mình đã học. Mong các bạn cố gắng luyện tập đều đặn hàng ngày nhé.

Hướng dẫn phương pháp học tập hiệu quả

1. Đọc kỹ câu hỏi vì chủ điểm cần nghe sẽ nằm ở đây.
2. Về nguyên tắc, câu hỏi nào cũng chỉ sử dụng vốn từ vựng mà các bạn đã học. Trường hợp có từ mới thì sẽ có phần dịch hoặc có tranh ảnh minh họa.
3. Xem kỹ phần tranh hoặc biểu đồ (nếu có) để đoán trước ngữ cảnh, điểm mà câu hỏi muốn tập trung vào.
4. Đối với câu hỏi điền vào ngoặc đơn ( ) thì đọc kỹ phần trước và sau ngoặc đơn.
5. Vừa nghe CD vừa trả lời câu hỏi. Mỗi câu hỏi đều có kèm "Ví dụ" trả lời. Đầu tiên, hãy nghe phần "Ví dụ" trước để hiểu rõ cách làm bài.
6. Quãng nghỉ giữa các câu hỏi không đủ dài, nên nếu cần, bạn hãy dừng CD lại để có thời gian trả lời câu hỏi.
7. Nếu nghe 1 lần chưa hiểu thì có thể nghe 2~3 lần.
8. So sánh Đáp án ở sau sách để kiểm tra xem mình đã làm đúng hay sai.
9. Nếu nghe nhiều lần vẫn không hiểu thì xem phần "Nguyên văn bài nghe" nằm ở Phần phụ lục sau sách.

Về phần mềm nghe hiểu

Bạn có thể sử dụng phần mềm ứng dụng trên Smartphone để nghe bài nghe của giáo trình này. Bạn có thể xem chi tiết ở đường link: https://www.3anet.co.jp/np/resrcs/244420/

目次

スクリプト
タスクのページ

第 26 課 ——————————————————— 2　1

学習項目

1．～んですか／［疑問詞］～んですか　CD A-1

2．どうしたんですか／どうして～んですか　CD A-2

3．～んですが、～ていただけませんか　CD A-3

4．～んですが、［疑問詞］～たらいいですか　CD A-4

第 27 課 ——————————————————— 4　4

学習項目

1．可能動詞　CD A-5

2．（場所）で／に［可能動詞］　CD A-6

3．見えます、聞こえます　CD A-7

4．総合問題　CD A-8

第 28 課 ——————————————————— 6　7

学習項目

1．～ながら～　CD A-9

2．～ながら～　CD A-10

3．～ています（習慣）　CD A-11

4．～し、～し、～　CD A-12

第 29 課 ——————————————————— 8　10

学習項目

1．～が～ています　CD A-13

2．～は～ています　CD A-14

3．～てしまいました　CD A-15

4．～てしまいます　CD A-16

5．～てしまいました（残念なこと）　CD A-17

タスクのページ　スクリプト

第 30 課 ———————————————————— **10**　12

学習項目
1．〜が〜てあります　CD A-18
2．〜が〜てあります　CD A-19
3．〜は〜てあります　CD A-20
4．〜ておきます　CD A-21

第 31 課 ———————————————————— **12**　16

学習項目
1．〜（よ）う（意向形）　CD A-22
2．〜（よ）うと思っています　CD A-23
3．〜つもりです　CD A-24
4．〜予定です　CD A-25

第 32 課 ———————————————————— **14**　18

学習項目
1．〜たほうがいいです　CD A-26
2．〜た／〜ないほうがいいです　CD A-27
3．〜でしょう　CD A-28
4．〜かもしれません　CD A-29

第 33 課 ———————————————————— **16**　21

学習項目
1．命令形　CD A-30
2．〜と読みます／〜と書いてあります／〜という意味です　CD A-31
3．〜という意味です　CD A-32
4．〜と伝えていただけませんか　CD A-33

第 34 課 ———————————————————— **18**　24

学習項目
1．〜とおりに　CD A-34
2．〜あとで、〜　CD A-35
3．〜て／〜ないで〜　CD A-36
4．〜ないで、〜　CD A-37

スクリプト
タスクのページ

第 35 課 ———————————————————— **20**　26

学習項目
1. 〜ば、〜　　CD B-1
2. 〜ければ／〜なら、〜　　CD B-2
3. 〜なければ、〜　　CD B-3
4. 〜なら、〜（話題）　　CD B-4

第 36 課 ———————————————————— **22**　30

学習項目
1. 〜ように、〜　　CD B-5
2. 〜ようになりました　　CD B-6
3. 〜ようにしています　　CD B-7
4. 〜ようにしてください　　CD B-8

第 37 課 ———————————————————— **24**　32

学習項目
1. （人）に〜（ら）れます（受身動詞）　　CD B-9
2. 〜を（人）に〜（ら）れます　　CD B-10
3. 〜は〜（ら）れます　　CD B-11
4. 〜（ら）れています　　CD B-12

第 38 課 ———————————————————— **26**　36

学習項目
1. 〜のは［形容詞］です　　CD B-13
2. 〜のが好き／上手です　　CD B-14
3. 〜のを忘れました　　CD B-15
4. 〜のを知っていますか　　CD B-16
5. 〜のは［名詞］です　　CD B-17

スクリプト

タスクのページ

| | **28** | 39 |

第 39 課

学習項目

1．～て／～なくて、～ CD B-18

2．～て／～くて／～で、～ CD B-19

3．[名詞]で、～ CD B-20

4．～ので、～ CD B-21

第 40 課

| | **30** | 43 |

学習項目

1．[疑問詞]～か、～ CD B-22

2．～かどうか、～ CD B-23

3．～てみます CD B-24

4．～かどうか、～てみます CD B-25

第 41 課

| | **32** | 46 |

学習項目

1．～をいただきます／くださいます／やります CD B-26

2．～てくださいます CD B-27

3．～てやります CD B-28

4．～てくださいませんか CD B-29

第 42 課

| | **34** | 49 |

学習項目

1．～（の）ために、～ CD B-30

2．～（の）に～ CD B-31

3．～（の）に～かかります CD B-32

第 43 課

| | **36** | 52 |

学習項目

1．（今にも）～そうです CD C-1

2．（これから）～そうです CD C-2

3．[形容詞]そうです CD C-3

4．～て来ます CD C-4

タスクのページ
スクリプト

第 44 課 —————————————————— **38**　55

学習項目
1．［動詞］すぎます　　CD C-5
2．［形容詞］すぎます　　CD C-6
3．〜やすい／にくいです　　CD C-7
4．〜やすい／にくいです　　CD C-8
5．〜く／〜にします　　CD C-9
6．［名詞］にします　　CD C-10

第 45 課 —————————————————— **40**　58

学習項目
1．［動詞］場合は、〜　　CD C-11
2．［形容詞］場合は、〜　　CD C-12
3．〜のに、〜　　CD C-13
4．〜のに、〜　　CD C-14

第 46 課 —————————————————— **42**　62

学習項目
1．〜ところです　　CD C-15
2．〜ところです　　CD C-16
3．〜ばかりです　　CD C-17
4．〜はずです　　CD C-18

第 47 課 —————————————————— **44**　64

学習項目
1．〜そうです（情報を伝える）　　CD C-19
2．〜そうです　　CD C-20
3．〜そうです　　CD C-21
4．〜ようです　　CD C-22

スクリプト
タスクのページ

第 48 課 ———————————————————— **46** 67

学習項目

1. （人）を／に〜（さ）せます（使役動詞）　CD C-23
2. （人）を／に〜（さ）せます　CD C-24
3. （好きなことを）〜（さ）せます　CD C-25
4. 〜（さ）せていただけませんか　CD C-26

第 49 課 ———————————————————— **48** 71

学習項目

1. （ら）れます（尊敬動詞）　CD C-27
2. お〜になります　CD C-28
3. 特別な尊敬語　CD C-29
4. お〜ください　CD C-30
5. 総合問題　CD C-31

第 50 課 ———————————————————— **50** 74

学習項目

1. お／ご〜します　CD C-32
2. 特別な謙譲語　CD C-33
3. 総合問題　CD C-34
4. 総合問題　CD C-35

別 冊

スクリプト ———————————————————————————— 1

答え ———————————————————————————————— 78

みんなの日本語
初級 II 第2版

聴解タスク25

牧野昭子・田中よね・北川逸子 [著]

第 26 課

1. 小森さんはどうですか。どうしてですか。 CD A-1

久しぶりに
after a long time
相隔很久
오랜만에
lâu rồi mới, sau một thời gian dài mới

例)（ a ）…［ ④ ］　1)（　　）…［　　］
2)（　　）…［　　］　3)（　　）…［　　］

＜どうですか＞

＜どうして＞

2. 学生はいろいろなことをします。
   どうしてですか。 CD A-2

実は	しかたがありません
to be honest	cannot be helped
其实，实际上	不得已，没办法
실은	어쩔 수 없습니다
thực ra, chẳng là, chuyện là	không còn cách nào khác

例) タワポンさんは宿題を月曜日に出します。
　　宿題を ｛ⓐ．しませんでした　b．しましたが、忘れました｝から。

1) ジャンさんは早くうちへ帰ります。
　　｛a．都合が悪いです　b．調子が悪いです｝から。

2) ミゲルさんは急いでいます。
　　｛a．友達と遊びに行きます　b．サッカーを練習します｝から。

3) エドさんは月曜日休みます。
　　｛a．両親と旅行します　b．漢字の試験があります｝から。

2

3. チンさんはどんな問題がありますか。
   その問題をどうしますか。　CD A-3

説明書	燃えない（ごみ）	カレンダー
instruction manual	non-burnable (refuse)	calendar
说明书	不可燃（垃圾）	日期表
설명서	타지 않다 (쓰레기)	달력
bản hướng dẫn	(rác) không cháy	lịch

例）（ ① ）｛a. 自分で直す　　b. 鈴木さんに見てもらう｝
1）（　）｛a. 鈴木さんと行く　b. 一人で行く｝
2）（　）｛a. 鈴木さんと探す　b. 自分で探す｝
3）（　）｛a. 掃除の人に聞く
　　　　　　b. カレンダーを見る｝

4. カリナさんは日本についていろいろ知りたいことがあります。
   どこへ行ったらいいですか。どうしたらいいですか。　CD A-4

例）（ d ）…［ ⑥ ］　1）（　）…［　］
2）（　）…［　］　3）（　）…［　］

剣道	クラブ
Japanese art of fencing	club
剑道	课外活动小组
검도	특별활동반, CA
Kiếm đạo	câu lạc bộ

茶道	実際に
tea ceremony	actually
茶道	实际
다도	실제로
Trà đạo	trên thực tế

ゆかた	交流センター
an informal cotton kimono for summer	community center
浴衣（一种简单的和服）	交流中心
유카타	교류센터
Yukata, Kimono mùa hè	trung tâm giao lưu

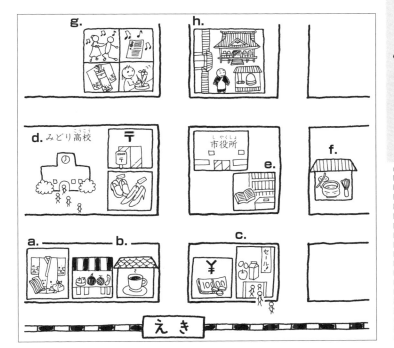

①電話でお願いする
②図書館で調べる
③貸してもらう
④紹介してもらう
⑤買う
⑥聞いてもらう

第27課

剣道 — Japanese art of fencing / 剑道 / 검도 / Kiếm đạo	メイク — makeup / 化妆 / 메이크 업 / trang điểm

1. 留学生が映画を作ります。どの仕事をだれがしますか。どうしてですか。 CD A-5

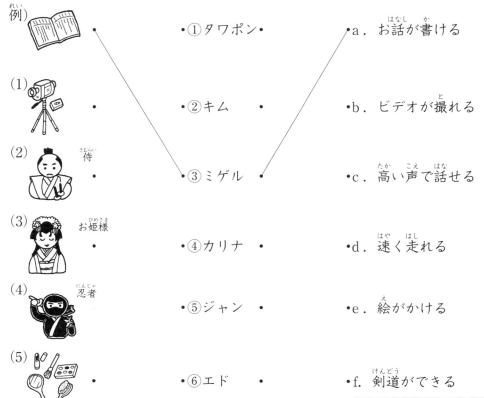

例) ①タワポン — a. お話が書ける
(1) ②キム — b. ビデオが撮れる
(2) 侍 ③ミゲル — c. 高い声で話せる
(3) お姫様 ④カリナ — d. 速く走れる
(4) 忍者 ⑤ジャン — e. 絵がかける
(5) ⑥エド — f. 剣道ができる

管理人 — janitor, caretaker / 管理员 / 관리인 / người quản lý	実は — actually / 其实, 实际上 / 실은 / thực ra, chuyện là

2. 会社の寮でできることは何ですか。できないとき、どうしますか。 CD A-6

	できる？	どうしますか
例1) インターネット	○	—
例2) 夜10時に洗濯する	×	休みの日にする
1) 部屋で料理をする		
2) 部屋でパーティーをする		
3) 友達が寮に泊まる		

3. 昔、初めてオーストラリアへ行った人は何を見ましたか。何を聞きましたか。 CD A-7

例）（ ③ ）…｛ⓐ. 見た　b. 聞いた｝
1）（　　）…｛a. 見た　b. 聞いた｝
2）（　　）…｛a. 見て、聞いた　b. 聞いて、見た｝
3）（　　）…｛a. 見た　b. 聞いた｝

①  ② ③ 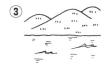 ④ ⑤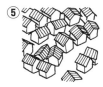

4. ミラーさんは旅行に行きました。ミラーさんのメールを書いてください。 CD A-8

20XX年5月17日

From：mike@goooogle.com
To：keiko@yohoooo.com

けい子さん、
　きのう僕は富士山の近くへ来ました。僕が泊まっているホテルはとても古くて、1937年に（例：できました）。とてもすてきです。
　新しい建物にはエレベーターが（①　　　　　　）が、古い建物には階段しか（②　　　　　　）。
　温泉からは富士山が（③　　　　　　）が、（④　　　　　　）の窓からは富士山が見えます。鳥の声も（⑤　　　　　　）。すばらしいです。
　でも、ちょっとサービスが（⑥　　　　　　）んです。クリーニングはなかなか（⑦　　　　　　）でした。夜、ルームサービスは食べ物がサンドイッチしか（⑧　　　　　　）でした。
　あした東京へ帰ります。

マイク・ミラー

第 27 課…5

注意（ちゅうい）します	スピーチ	原稿（げんこう）
warn	speech	manuscript
提醒	演讲	原稿，稿子
주의를 줍니다	스피치	원고
lưu ý, nhắc nhở	bài diễn thuyết	bản thảo

1. 先生（せんせい）が学生（がくせい）に注意（ちゅうい）します。学生（がくせい）はどうしますか。 CD A-9

わし	一生懸命（いっしょうけんめい）	柔道（じゅうどう）
I	with all one's might	judo
我	努力	柔道
나	열심히	유도
tôi (cách xưng hô của người già là nam giới)	chăm chỉ	Judo (Nhu đạo)

2. おじいさんはどんな生活（せいかつ）をしましたか。どちらですか。 CD A-10

3. 学生の食事についてアンケートをします。学生の答えを書いてください。 CD A-11

アンケート	ラーメン	その他
questionnaire	Chinese noodles	other
问卷调查	日式拉面	其他
앙케이트	라면	그 외, 기타
phiếu khảo sát	mì Ramen	khác, ngoài ra

アンケート ―学生の食事について―

例) 朝ごはんを食べますか。…… a. 毎日　ⓑ. 時々　c. 全然
　→ 何を食べますか。……（　パンとコーヒー　）
1) 昼ごはんを食べますか。…… a. 毎日　b. 時々　c. 全然
　→ どこで食べますか。……（　　　　　）
　→ 何を食べますか。……　ラーメンや（　　　　　）
2) 晩ごはんを食べますか。…… a. 毎日　b. 時々　c. 全然
　→ どこで食べますか。……（　　　　　）
　→ 自分で料理しますか。…… a. 毎日　b. 時々　c. 全然
3) 買い物はどこでしますか。…… a. スーパー　b. コンビニ　c. その他

4. 会社の人はどちらを選びましたか。どうしてですか。 CD A-12

例) 新しい社員… {a. 黒井さん　ⓑ. 赤井さん}
　① {a. 英語　ⓑ. 英語とベトナム語} ができるから。
　② {a. 経済　ⓑ. アフリカ} のことをよく知っているから。
1) 社員旅行… {a. 北海道　b. 沖縄}
　① {a. 紅葉　b. 海} がきれいだから。
　② {a. 肉　b. 魚} がおいしいから。
2) 製品のコマーシャル… {a. ヤッホー　b. スキップ}
　① {a. 経験がある　b. ダンスと歌が上手だ} から。
　② {a. 人気　b. 将来} があるから。

専門	温泉
specialty	hot spring
专业	温泉
전공	온천
chuyên môn	suối nóng

コマーシャル	人気が出ます
commercial	become popular
电视广告	受欢迎
광고	인기가 많아집니다
quảng cáo	được ưa chuộng, được yêu thích

スキップ　ヤッホー

第28課…7

注意します
point out
提醒
주의를 줍니다
luu ý, nhắc nhở

1. 友達がいずみさんに注意しました。いずみさんはどうしますか。 CD A-13

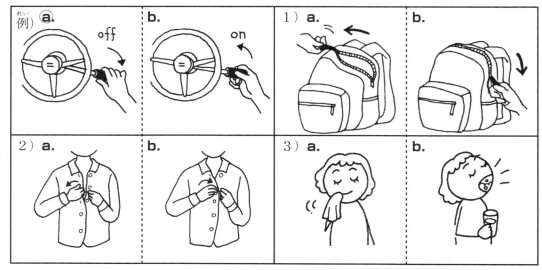

同じ
same
一样，同样
같다
giống

2. 店の人はどうして「こちらのをどうぞ」と言いましたか。 CD A-14

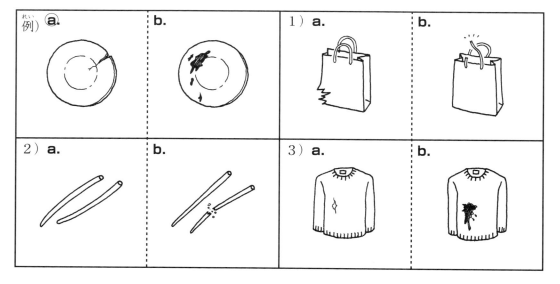

3. タワポンさんはすごい人です。どうしてすごい人ですか。 CD A-15

例）[10]分 …（ 昼ごはん ）を（ 食べた ）！
1）[　　]時間…（　　　　　）を（　　　　　）！
2）[　　]日　…（　　　　　）を（　　　　　）！
3）[　　]週間…（　　　　　）を（　　　　　）！

戻ります
return
回
돌아갑니다
trở lại, quay lại

4. ミラーさんはこれからどうしますか。 CD A-16

5. エドさんはよく小さい失敗をします。
何をしましたか。どうしますか。 CD A-17

失敗
mistake, blunder
失败
실패
thất bại

しかたがありません
cannot be helped
不得已，没办法
어쩔 수 없습니다
không còn cách nào khác

例）（ a ）を｛なくした　まちがえた｝・　・①すぐ電話をかける
1）（　　）を｛まちがえた　忘れた｝・　　・②すぐ新しいのを買う
2）（　　）を｛なくした　落とした｝・　　・③すぐ寮へ帰る
　　　　　　　　　　　　　　　　　　　　・④すぐ図書館へ行く

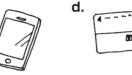
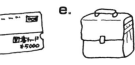

a.　　　b.　　　c.　　　d.　　　e.

第 30 課

1. 学生寮はどんな問題がありますか。その問題をどうしますか。 CD A-18

   例) (a) → [④]
   1) (   ) → [   ]
   2) (   ) → [   ]
   3) (   ) → [   ]

   ①取る
   ②捨てる
   ③片づけてもらう
   ④名前をロビーにはる
   ⑤並べる
   ⑥洗う

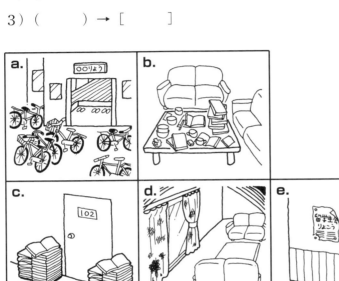

2. 今、クララさんがいる茶室はどれですか。 CD A-19

茶室 tea-ceremony room 茶室 다실 trà thất
咲く bloom, flower 开（花） 피다 (hoa) nở

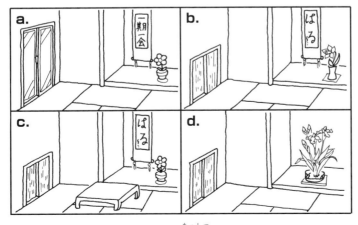

クララさんは（   ）の茶室にいます。

3. スピーチコンテストの準備をしています。何がどこにありますか。 CD A-20

コンテスト	マイク	プログラム	審査員
contest	microphone	program	judge
比赛	麦克风	节目单，说明书	评判员
대회	마이크	프로그램	심사원
cuộc thi	mic, mi-crô	chương trình	thành viên ban giám khảo

例) いすは (d) に {並べて 置いて} あります。

1) マイクは (   ) に {置いて しまって} あります。
　　スピーチをする人の名前は (   ) に
　　{はって 掛けて} あります。
2) プログラムと意見を書く紙と鉛筆は (   ) に
　　{飾って 置いて} あります。
3) 電子辞書と本のカードは (   ) に
　　{出して しまって} あります。

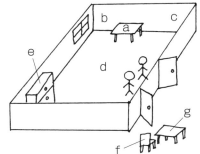

4. ロボットと旅行に行きます。ロボットの名前は「アイモ」です。アイモは次のことをしますか。 CD A-21

そのまま	バイバイ
as ~ is	bye-bye
就那样	再见
그대로	바이바이, 안녕
nguyên như thế, cứ như thế	tạm biệt

します……○　しません……×

第30課…11

第 31 課

しかたがありません
cannot be helped
不得已，没办法
어쩔 수 없습니다
không còn cách nào khác

1. 男の人と女の人は展覧会に行きます。何をしますか。 CD A-22

例) 男の人は展覧会に {a. きょうは行かない　ⓑ. これから行く}。

1) 二人は {a. 人が多いから　b. よく見えるから}、
{a. 前へ行く　b. 前へ行かない}。

2) 疲れたが、人が多いから、{a. ちょっと休んでから、見る　b. 全部見てから、休む}。

3) これから {a. 喫茶店　b. 美術館} に入る。

アパート
apartment
公寓
아파트
căn hộ

2. 小山さんは来月転勤します。これから、どうしますか。 CD A-23

3. 将来の夢について聞きました。山本君と坂口さんの夢を書いてください。 CD A-24

質問	1) 山本君	2) 坂口さん
大学へ行きますか	例) はい / ⟨いいえ⟩	① はい / いいえ
何になりますか	料理人になりたい	(②　　　)の医者になりたい
どうやってなりますか	(①　　　)学校に入る。それから、ヨーロッパの(②　　　)で働く。	動物学を勉強する
それから、何をしますか	日本で(③　　　)を持つ	(③　　　)と研究所を作る
何をしたいですか	みんなに(④　　　)を食べてもらいたい	動物の(④　　　)を研究したい

料理人
chef
厨师
요리사
đầu bếp

動物学
zoology
动物学
동물학
động vật học

研究所
laboratory
研究所
연구소
viện nghiên cứu

4. ミラーさんは手帳を見ながら話しています。いつ歌舞伎に行きますか。 CD A-25

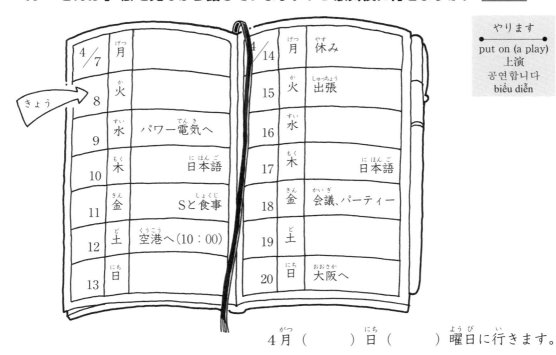

やります
put on (a play)
上演
공연합니다
biểu diễn

4月(　　)日(　　)曜日に行きます。

第31課…13

第 32 課

アパート
apartment building
公寓
아파트
căn hộ

1. 隣の人はとても親切です。チンさんはどうしますか。　CD A-26

　例) 大掃除に { ⓐ. 参加する。 / b. 参加しない。 }

　1) あしたから買い物は { a. コンビニで / b. スーパーで } する。

　2) 遅くなったとき、駅から { a. タクシーに / b. バスに } 乗る。

　3) 田中さんに { a. 言ってから / b. 言うまえに }、仕事をやめる。

大掃除
a big cleanup
大扫除
대청소
tổng vệ sinh, dọn dẹp nhà cửa vào cuối năm

参加します
join
参加
참가합니다
tham gia

しかたがありません
cannot be helped
不得已, 没办法
어쩔 수 없습니다
không còn cách nào khác

2. サントスさんは地震について注意を聞きました。どんな準備をしておきますか。もし地震があったら、何をしなければなりませんか。○を付けてください。　CD A-27

地震	注意	○を付けます	落ちてきます
earthquake	advice	mark with a circle	fall down
地震	注意	划圈儿	落下来
지진	주의	○를 칩니다	떨어집니다
động đất	chú ý	khoanh tròn	rơi, rụng

〈準備〉

a. (　)　b. (　)　c. (　)

〈もし地震があったら〉

a. (　)　b. (　)　c. (　)

3. 日本の将来について講義を聞きました。今はa、bのどちらですか。
　　将来は①、②のどちらになりますか。 CD A-28

このまま	-度	老人	GDP	平均	センチ
as it is, like this	-degree	old people	GDP, Gross Domestic Product	average	centimeter
就这样	一度	老人	国内生产总值	平均	厘米
이대로	-도	노인	국내총생산	평균	센티미터
cứ như thế này	- độ	người già	GDP (tổng sản phẩm quốc nội)	bình quân	xen-ti-mét

4. 何を心配していますか。どうしますか。 CD A-29

　　例）（富士山が見えない）かもしれない → (a)
　　1) (　　　　　　　　　) かもしれない → (　　)
　　2) (　　　　　　　　　) かもしれない → (　　)

怖い
scary
可怕
무섭다
sợ

機械	先輩
machine	senior
机械	前辈
기계	선배
máy, máy móc	đàn anh đàn chị, người đi trước

1. リンさんは会社の人と話しています。どうしますか。 CD A-30

2. 何について話していますか。ケリーさんはこれから どうしますか。 CD A-31

マーク	もったいない
mark	wasteful
符号，记号	可惜，浪费
마크	아깝다
mác	lãng phí

例) (①) { a. 電話をする / b. 郵便局へ行く } 　　1) (　) { a. 店へ持って行く / b. 洗濯機で洗う }

2) (　) { a. 郵便局へ行く / b. コンビニで払う } 　　3) (　) { a. 飲む / b. 捨てる }

3. コンビニでアルバイトをしているとき、わからないことばを聞きました。どういう意味ですか。 CD A-32

例) もたもたする ・————・b. 仕事が遅い
1) きょろきょろする・　・a. 心配だ
2) はらはらする　　・　・c. うちでゆっくり休む
3) ごろごろする　　・　・d. いろいろな所へ行く
　　　　　　　　　　　・e. 何か探しながら周りを見る

運びます
carry, move
搬
나릅니다
chở

4. どう伝えますか。正しいメモはどれですか。 CD A-33

正しい　　　お世話になっています　　～と申します
correct　　Thank you for your　　　My name is ～
　　　　　　ongoing support
正确　　　承蒙关照　　　　　　　　叫～
맞다　　　신세 지고 있습니다　　　～라고 합니다
đúng　　　Cảm ơn anh/chị đã luôn ủng　Tôi tên là ～
　　　　　hộ, giúp đỡ ạ!

例)
シュミット さんへ
ミラー さんから
ⓐ. あしたは1時から会議を始めます。
b. あしたは朝から会議を始めます。
c. あしたは会議をしません。

1)
鈴木 さんへ
ミラー さんから
a. ミラーさんに連絡してください。
b. ミラーさんを待っていてください。
c. ミラーさんの部屋へ来てください。

2)
課長 へ
ミラー さんから
a. 10分ぐらい遅れます。
b. 電車が遅れます。
c. 20分ぐらい遅れます。

3)
木村 さんへ
ミラー さんから
a. 電話をください。
b. 5時まで会議をします。
c. あとで電話します。

第33課…17

第 34 課

1. a、b、c のどれですか。 CD A-34

例) a. あかい／くらい／かるい　　b. あかい／くろい／かるい　　c. あかい／くろい／からい

1) a. 3867　　b. 3861　　c. 3161

2) 　a. 　b. 　c.

3) a. 　b. 　c.

2.「学生交流会」のプログラムを作ってください。 CD A-35

交流会	プログラム	先	柔道
exchange meeting	program	before (someone)	judo
交流会	节目单，说明书	先	柔道
교류회	프로그램	먼저	유도
buổi giao lưu	chương trình	trước, trước lượt	Judo (Nhu đạo)

学生交流会プログラム
4月23日（金）18:00〜
さくら大学学生寮

1.（例：b）　6.（　　）
2.（例：a）　7. メキシコのダンス
3.（　　）　8.（　　）
4.（　　）　9.（　　）
5.（　　）　10. みんなの歌

a. エドさんのスピーチ
b. 青木さんのスピーチ
c. 中国の歌
d. 韓国の歌
e. インドネシアの歌
f. タイのダンス
g. 柔道の試合
h. 日本の盆踊り

3. シュミットさんは病院へ行きました。
   どうしますか。 CD A-36

	健康診断	レントゲン	杯
	physical checkup	X-ray	-cup
	体检	X光	-杯
	건강진단	뢴트겐	-잔
	khám sức khỏe	X-quang	-tách

例) a. / b. / c.
1) a. / b. / c.
2) a. / b. / c.
3) a. / b. / c.
4) a. / b. / c.

4. IMCの社長が新しい規則について話しています。
   社員は次のことをしてもいいですか。 CD A-37

　　してもいい……○　してはいけない……×

例) (○) 火曜日の朝、ミーティングをする。
(1) (　　) うちから会社まで遠いから、毎日うちで仕事をする。
(2) (　　) 東京から大阪まで出張のとき、新幹線に乗る。
(3) (　　) いつもスーツを着ないで会社へ行く。
(4) (　　) いつも部長の隣に座る。

目標	なくします
goal	get rid of
目标	消除
목표	없앱니다
mục tiêu	xóa bỏ
また	参加します
also	join
另外	参加
또한	참가합니다
ngoài ra	tham gia
できるだけ	アイディア
as ... as possible	idea
尽可能	主意, 提案
가능한 한	아이디어
trong phạm vi có thể	ý tưởng

第34課…19

1. ことわざの意味を聞きました。どういう意味ですか。 CD B-1

例)(d)　　2)(　　)　　1)(　　)　　3)(　　)

2. うちを探しています。どれを借りますか。家賃はいくらですか。 CD B-2

(　　)を借ります。家賃は(　　)円です。

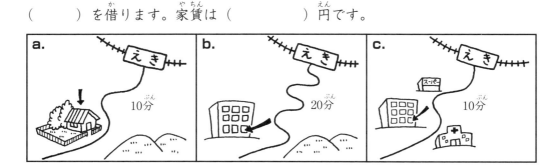

3. カリナさんはボランティアガイドに京都を案内してもらいました。何をしましたか。
どう思いましたか。どうしてですか。 CD B-3

例） 桂離宮を ｛a．見た ⓑ．見なかった｝。
　　 申し込んで ｛a．おいた ⓑ．おかなかった｝ から。

1） 長刀鉾に ｛a．乗った　b．乗らなかった｝。
　　 ｛a．女の人　b．男の人｝ だから。

2） 着物を着るとき、手伝って
　　 ｛a．もらった　b．もらわなかった｝。
　　 ｛a．重い　b．難しい｝ から。

3） このボランティアガイドは
　　 ｛a．とてもよかった　b．役に立たなかった｝。
　　 ｛a．京都のことがよくわかった　b．いろいろな人に会えた｝ から。

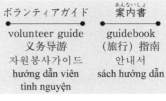

4. ミラーさんは何を見ますか。どこへ行きますか。 CD B-4

例）（　政治の中心　）［ ④ ］　　1）（　　　　　　　）［　　］
2）（　　　　　　　）［　　］　　3）（　　　　　　　）［　　］

第35課…21

第 36 課

金のなる木	けんかします
money tree	quarrel
摇钱树	吵架
돈이열리는나무	싸웁니다
cây ngọc bích	cãi nhau

1. 小川さんの家にどんな物がありますか。どうしてありますか。 CD B-5

例)(a)・　　　　・①けんかしたとき、結婚したときのことを思い出す。
1)(   )・　　　　・②いつでもどこでもすぐ字が読める。
2)(   )・　　　　・③お金がたくさんうちへ来る。
3)(   )・　　　　・④眼鏡をかけて出かけられる。
　　　　　　　　　・⑤出かけるとき、服が見られる。

a.  b. c.  d.  e.

2. おじいさんと孫が話しています。
2人は今どうですか。 CD B-6

孫	わし	ある〜
grandchild	I	one 〜
孙子	我	某〜
손주	나	어느〜
cháu	tôi (cách xưng hô của người già là nam giới)	một 〜 nọ

3. 俳優の原恵子さんはいつもどんなことに気をつけていますか。 CD B-7

俳優	健康	キロ	うがい	手袋
actor	health	kilo(meter)	gargle	glove
演员	健康	公里	漱口	手套
배우	건강	킬로미터	양치질	장갑
diễn viên	sức khỏe	ki-lô-mét	súc miệng, súc họng	găng tay, bao tay

例）（ 健康 ）…[a][g]　1）（　　　）…[　　][　　]

2）（　　　）…[　　][　　]　3）（　　　）…[　　][　　]

4. 男の人はプールへ行きました。注意を聞いて、どうしますか。 CD B-8

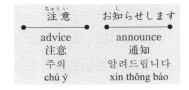

第 37 課

しかたがありません	cannot be helped / 不得已，没办法 / 어쩔 수 없습니다 / không còn cách nào khác
お宅	house〈respectful〉/ 家〈敬語〉/ 댁〈존경〉/ nhà〈kính ngữ của từ "家"〉
遅刻します	be late / 迟到 / 지각합니다 / đến chậm

1. 高橋さんは会社の人と話しています。高橋さんに何がありましたか。 CD B-9

   例) 高橋さんは {a. 遅刻 ⓑ. 残業} しました。それで、
   部長は高橋さんを {ⓐ. しかりました b. しかられました}。

   1) {a. 高橋 b. 渡辺} さんは映画のチケットをもらいました。
   それで、{a. 高橋 b. 渡辺} さんを映画に誘いました。

   2) 部長が高橋さんを {a. 紹介 b. 招待} しました。
   高橋さんは部長のうちへ {a. 行きます b. 行きません}。

   3) 部長は高橋さんにアメリカで新しい仕事を始めろと
   {a. 言いました b. 言われました}。それで、高橋さんは
   {a. 出張 b. 転勤} します。

   4) 渡辺さんは高橋さんに結婚を {a. 申し込みました b. 申し込まれました} が、
   いっしょにアメリカへ行きたくないと {a. 言いました b. 言われました}。

2. 海外旅行で困ったことについてラジオ番組で話しています。
   何がありましたか。どうしましたか。
   ポスターの絵の番号を書いてください。 CD B-10

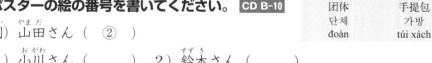

グループ	バッグ	男たち
group	bag	men
团体	手提包	男人们
단체	가방	남자들
đoàn	túi xách	bọn đàn ông

例) 山田さん (②)

1) 小川さん (　　) 　2) 鈴木さん (　　)

3. 先生が写真を見せながら説明します。だれが、いつ、何をしましたか。

CD B-11

例） 聖徳太子が（ 607 ）年に（ a ）を（ 建てた ）。
1） 鳥羽僧正が（　　　）年ぐらいまえに（　　　）を（　　　）。
2） 屋井先蔵が（　　　）年に（　　　）を（　　　）。
3） 昔の人が（　　　）年ぐらいまえに（　　　）を（　　　）。
4） オランダの会社が（　　　）世紀ごろに（　　　）を（　　　）。

a. 　b.

d. 　e. 　f.

4. 説明を聞いて、ロボット工場の見学レポートをまとめてください。 **CD B-12**

見学場所	トニー大阪工場	日時	3月15日（火） 10:00～11:00
製品	ドラポン：（例：猫）の形のロボット			
生産台数	（①　　　　）台／1か月			
機能	1．いっしょに（②　　　　） 2．人の仕事を（③　　　　） 3．ことばを（④　　　　） 4．歌を（⑤　　　　）			
特長	特に（⑥　　　　）とお年寄りに人気がある。 （⑦　　　　）ができるドラポンもある。			

第 38 課

1. 川田さんはどうしますか。どうしてですか。 CD B-13

   例) 仕事…… {a. 会社に入る ⓑ. 会社を作る}
   物の発明は（ おもしろい ）から。

   1) 車…… {a. 持つ　b. 持たない}
   車は（　　　　　　　　　）から。

   2) 結婚…… {a. する　b. しない}
   独身生活は（　　　　　　　　　）から。

   3) 子ども…… {a. 一人　b. たくさん} 欲しい
   子どもがいる生活は（　　　　　　　　　）から。

2. 町の便利屋はいろいろな仕事をします。
   便利屋の社長はどの社員に仕事を頼みますか。 CD B-14

   例)（ d ）・　　・① 引っ越しの {a. 準備　b. 片づけ}
   1)（　）・　　・② {a. 犬の散歩　b. 動物の世話}
   2)（　）・　　・③ {a. おふろと台所　ⓑ. 全部} の掃除
   3)（　）・　　・④ {a. 料理とおしゃべり　b. 買い物と
   　　　　　　　　　　　おしゃべり}

便利屋
Helping Hands
方便服务公司
심부름 센터
cửa hàng tạp dịch
世話
care
照料
돌봄
chăm sóc
おしゃべり
chat
聊天儿
수다
nói chuyện

3. チンさんはきのう何をしましたか。したことに○を付けてください。 CD B-15
① (   ) パワー電気に会議の時間と場所を知らせた。
② (   ) パワー電気に会議は英語で行うと伝えた。
③ (   ) パワー電気に会議の資料とカタログを送った。
④ (   ) コピー機の電源を切った。

4. ミラーさんは日本についてどんな情報を聞きましたか。メモを書いてください。 CD B-16

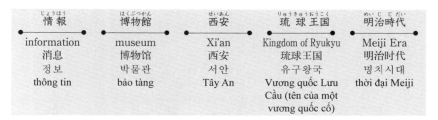

例) 昔、日本に（ 恐竜 ）がいた。（ 福井県 ）に恐竜の博物館がある。

1) 京都の町は（   ）の西安と同じデザインだ。京都のほうが（   ）。

2) （   ）は昔、琉球王国という国だった。明治時代に（   ）になった。

3) 漢字は中国から来たが、（   ）から（   ）へ行った漢字のことばもある。
例：電話、（   ）

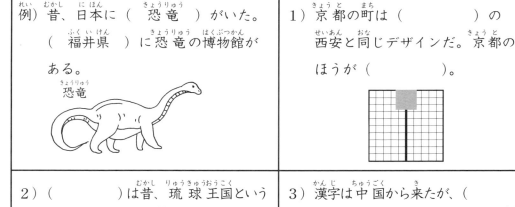

5. みんなのクイズです。正しい答えはどれですか。 CD B-17

例) {a. タイ ⓑ. インド c. ベトナム}
1) {a. ありがとう b. 大丈夫 c. すてき}
2) {a. テレビ b. 自動車 c. マンガ}
3) {a. すき焼き b. てんぷら c. すし}

宝くじ	当たります	かわいい	興味	交通費
lottery ticket	win	cute	interest	travel expenses
彩票	中	可爱	兴趣	交通费
복권	당첨됩니다	귀엽다	흥미	교통비
xổ số	trúng	đáng yêu, dễ thương	có quan tâm hứng thú	phí đi lại

1．いろいろなことを経験した人が話します。その人に何と言ったらいいですか。 CD B-18

例） ⓐ. b. c.
1） a. b. c.
2） a. b. c.
3） a. b. c.

2．「学生相談室」へ来た人はどうして困っていますか。相談のあとで、どうしますか。

CD B-19

相談室	大会	経済学部	医学部	奨学金
counseling room	contest	economics department	medical school	scholarship
相谈室	大会	经济系	医学系	奖学金
상담실	대회	경제학부	의학부	장학금
phòng tư vấn	cuộc thi	khoa Kinh tế	khoa Y	học bổng

例）
①お酒を飲む
②牛乳を飲む
③「あしたは大丈夫」と自分に言う

1）
①来た人は野菜だと思う
②「こんにちは」と言う
③鏡を見て話す練習をする

2）
①奨学金について調べる
②経済学部を卒業する
③アルバイトをする

3. 世界の動物ニュースを聞いて、まとめてください。 CD B-20

イルカ　　カンガルー　　猿

心の	地獄谷
mental	Jigokudani (name of hot spring)
心理上的	地獄谷（温泉名称）
마음의	지옥계곡(온천명칭)
tâm thần	Jigokudani (tên suối nóng)

例） 山下さんは（　交通事故　）でけがをして、入院した。犬の「はな」がどこかへ行ってしまったが、山下さんが退院した ｛a．朝　ⓑ．次の朝｝うちへ帰った。

1） 木下卓也君は（　　　　　）で、去年から学校へ行けなかったが、南の島で ｛a．イルカに乗って　b．イルカと遊んで｝ 元気になった。

2） 冬、（　　　　　）で体が冷たくなった地獄谷の猿は温泉に入る。温泉に入る ｛a．人を見て　b．人と一緒に｝、入るようになった。

3） オーストラリアのケビンさんは、木が倒れて、（　　　　　）で歩けなかった。カンガルーの「ビリー」が ｛a．家族に知らせた。　b．病院に知らせた。｝ それで、ケビンさんは大丈夫だった。

4. リンさんがしたいことは何ですか。日本語ボランティアの川崎さんは何をしてあげますか。 CD B-21

例）（ ① ）　a．水曜日の先生に連絡する。　ⓑ．木曜日の先生に連絡する。
1）（　）　a．電話番号を教える。　b．いっしょに行く。
2）（　）　a．写真屋に頼む。　b．メールで送る。
3）（　）　a．インターネットで買う。　b．隣の町の本屋へ行く。

第 40 課

金持ち	どんどん
rich person	rapidly
富人	不断（増加）
부자	점점
nhà giàu	vùn vụt, nhanh chóng

1. ミラーさんは図書館で小山次郎君に会いました。次郎君は宿題をしていますが、どの本を読んだらいいか、困っています。どの本を選んであげましたか。 **CD B-22**

例) ⓐ.『地球の歴史』　　b.『地球のこれから』　　c.『地球は困っている』

1) a.『紙のリサイクルについて』　b.『紙の歴史』　　c.『紙が消えた国』

2) a.『金持ちになる方法』　　b.『お金がなくても大丈夫』　　c.『昔のお金　今のお金』

3) a.『水が足りない！』　　b.『おいしい水の研究』　　c.『水で健康になろう』

2. 留学生が日本の学生について調べます。留学生の意見を聞いて、アンケートの質問を作ってください。 **CD B-23**

アンケート	パーセント
questionnaire	percent
问卷调查	百分之～
앙케이트	퍼센트
phiếu khảo sát	phần trăm

アンケート

例) ・どうして今の大学に入りましたか。……………………………＿＿＿＿から

　　・大学を（例：やめたい）と思ったことがありますか。………はい　いいえ

　　　　「はい」の人　→　どうしてですか…………………………＿＿＿＿から

1) ・両親と別々に（①　　　　　　）いますか。………………はい　いいえ

　　・1か月にいくらかかりますか。………………………………＿＿＿＿円ぐらい

　　・（②　　　　　　）にお金をもらいますか。………………はい　いいえ

　　　　いくらもらいますか。……………………………………＿＿＿＿円ぐらい

　　・（③　　　　　　　　）をしていますか。………………はい　いいえ

　　　　どんな（③　　　　　　　）をしていますか。…………＿＿＿＿

2) ・毎日何時間（④　　　　　　　　　　）か。……………＿＿＿＿時間

　　・本を読むのが（⑤　　　　　　）か。………………………はい　いいえ

　　　　1か月に何冊ぐらい本を読みますか。………………＿＿＿＿冊ぐらい

3) ・彼や彼女がいますか。……………………………………………はい　いいえ

　　・将来（⑥　　　　　　）たいですか。………………………はい　いいえ

　　・（⑦　　　　　　）が欲しいですか。………………………はい　いいえ

3. お祭りに行きました。どの店で何をしますか。 **CD B-24**

例) (④) で [b]
1) (　　) で [　　]　　2) (　　) で [　　]
3) (　　) で [　　]　　4) (　　) で [　　]

健康がいちばん。
Health is wealth.
健康第一。
건강이 최고.
Sức khoẻ là số một.

a. 食べる　b. 飲む　c. 聞く　d. 投げる　e. 見る　f. 着る

4. キムさんはジャンさんにどちらのアドバイスをしますか。 **CD B-25**

例) ⓐ.　b.
1) a.　b.
2) a.　b.
3) a.　b.

アドバイス	セミナー	申し込み
advice	seminar	application
建议	研讨会	申请
어드바이스	세미나	신청
lời khuyên	seminar	đăng ký

第40課…31

第 41 課

1. 小川よねさんはだれに何をもらいましたか。何をあげますか。 CD B-26

例）[80歳の人・首相]（ ① ）　　　　1）[先生・医者]（　　）

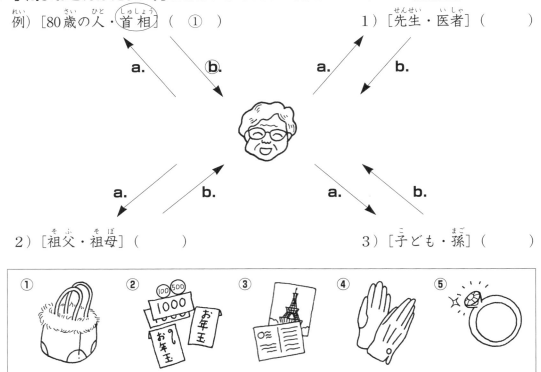

2）[祖父・祖母]（　　）　　　　3）[子ども・孫]（　　）

2. 先生と松本部長は何をしましたか。したことに○を付けてください。 CD B-27

1）先生は
　① （　）山田君にピアノを教えた。
　② （　）サッカーの試合のとき、山田君をしかった。
　③ （　）授業のとき、時々ゲームをした。

2）松本部長は
　① （　）部下に「腹が減ってはいくさができぬ」の意味を説明した。
　② （　）部下が病気になったとき、お見舞いに行った。
　③ （　）社員旅行のとき、部下に歌を歌えと言った。

思い出
memories
回忆
추억
nỗi nhớ, kỷ niệm

部下
subordinate
部下
부하
cấp dưới

3. 佐野さんは最近とても大変だと言っています。
どうしてですか。 CD B-28

4. サントスさんはデパートでいろいろ頼みました。
デパートの人は何をしますか。 CD B-29

例）（ a ） 1）（　　） 2）（　　） 3）（　　）

第 42 課

1. いろいろな人に話を聞いて、留学生の
ためのニュースサイトに載せます。
見出しを選んでください。 `CD B-30`

サイト	見出し	金メダル
website	headline	gold medal
网站	标题	金牌
사이트	표제	금메달
trang web	tiêu đề	huy chương vàng

曲	シリア	俳優
music	Syria	actor
乐曲	叙利亚	演员
곡	시리아	배우
khúc nhạc	Syria	diễn viên

例）（ a ） 1）（　　　） 2）（　　　） 3）（　　　）

---

a.
マラソンの大谷、オリンピックで金メダル！
次のオリンピックのために、練習、練習！

---

b.
俳優の原恵子さん、小説家に
戦争反対を伝えるために

---

c.
トンダ自動車社長、アジアに新工場を建てるために1000億円!

---

d.
人気音楽家・石井和男さん、沖縄で生活
沖縄音楽の研究のために

---

e.
トンダ自動車社長、アジア・アフリカの子どものために学校を

---

f.
俳優の原恵子さん、きょうシリアへ！
音楽家と結婚するために

---

g.
歌手の石井和男さん、沖縄へ
新しい生活を始めるために

2. 店でお客さんはどちらを選びましたか。 CD B-31

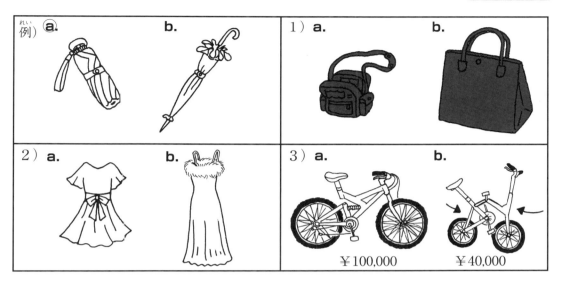

3. ニュースを聞いて、男の人と女の人が話しています。AのカップルとBのカップルは何にお金を使いますか。全部でいくらかかりますか。 CD B-32

カップル	平均	ウェディングドレス
couple	average	wedding dress
情侣	平均	婚纱
커플	평균	웨딩드레스
cặp đôi	bình quân	váy cưới

Aのカップル

結婚式 ⎱ 例) 360 万円
パーティー ⎰
旅行　　　1)____万円
マンション 2)____万円
車　　　　3)____万円
家具と電気製品 4)____万円

全部で　　5)____万円

Bのカップル

結婚式　　6)____万円
パーティー 7)____万円
旅行　　　8)____万円
マンション 9)____万円
車　　　　10)____万円
電気製品　 11)____万円

全部で　　12)____万円

第 43 課

キャンプ
camp
野営
캠프
trại, cắm trại

1. キャンプに行きます。男の人は何と言いますか。 CD C-1

   例) ⓐ.　b.　c.　　1) a.　b.　c.
   2) a.　b.　c.　　3) a.　b.　c.

2. テレビのインタビュー番組です。話を聞いて、正しいものを選んでください。 CD C-2

インタビュー	太陽エネルギー	空気	技術	守ります	アイディア	台数
interview	solar energy	air	technology	protect	idea	number of units
采访	太阳能	空气	技术	保护	主意	辆数
인터뷰	태양에너지	공기	기술	지키다	아이디어	대수
phỏng vấn	năng lượng mặt trời	không khí	kỹ thuật	bảo vệ, giữ gìn	ý tưởng	số lượng (xe, máy, v.v.)

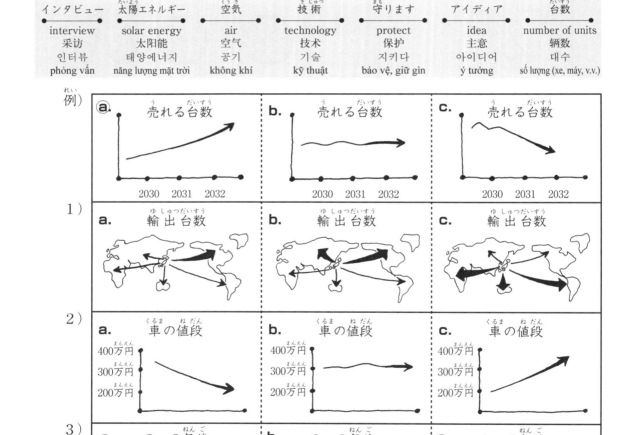

3. カリナさんとミゲルさんはどの人について話していますか。 CD C-3

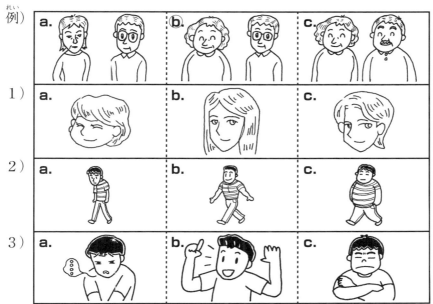

4. きょうは会議があります。ミラーさんが行く場所とすることを選んでください。 CD C-4

①かぎを取る
②資料を片づける
③コピーする
④お客さんを迎える
⑤部長を呼ぶ
⑥眼鏡を届ける

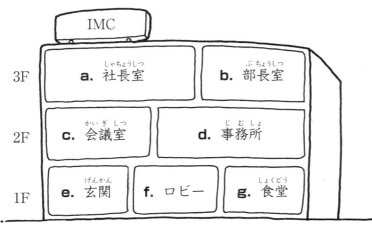

例) d → c → (d ／ ①) → c
1) c → (　／　) → [　]
2) c → (　／　) → [　]
3) c → (　／　) → d

第44課

100円ショップ
hundred-yen shop
(日本的) 百元商店
100 엔숍
cửa hàng 100 yên

1. 林さんは今どうですか。どうしますか。　CD C-5

例)（ b ）｛①アイスクリームを　②食べたい物を｝食べない。
1)（　　）｛①100円ショップへ　②デパートへ｝行かない。
2)（　　）｛①もう映画を　②きょうテレビを｝見ない。
3)（　　）｛①自分で　②美容院で｝髪を切らない。

2. テレビ番組について、どうしたらいいと言っていますか。　CD C-6

コマーシャル	大人	バラエティー
commercial	adult	variety show
电视广告	大人	综艺节目
광고	어른	예능
quảng cáo	người lớn	chương trình giải trí

例)（ × ）ドラマや映画などにコマーシャルを入れない。
(1)（　　）料理の作り方を教える番組はやめる。
(2)（　　）かたかなのことばは古くても、新しくても、使わない。
(3)（　　）子ども番組をたくさん作る。

3. いろいろな趣味の人に聞きました。どの人ですか。どんな意見ですか。 CD C-7

~拍子
~ time
~拍
~ 박자
~ phách, ~ nhịp
コース
course
路线
코스
cung đường

例）(c) 3拍子の曲は（ 踊り ）｛やすい／にくい｝。
1）（　）速い曲は（　　　）｛やすい／にくい｝。
2）（　）町の中のコースは（　　　）｛やすい／にくい｝。
3）（　）気持ちが優しい馬は（　　　）｛やすい／にくい｝。

4. 天気予報を聞いて、どうしますか。 CD C-8

例）(b)
1）（　）2）（　）3）（　）

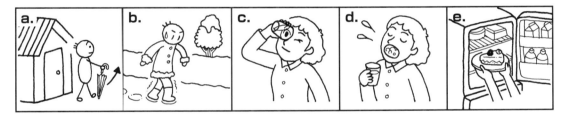

5. 俳優の原恵子さんはメイクアップアーチストに頼みました。どの顔になりましたか。 CD C-9

（　）の顔になりました。

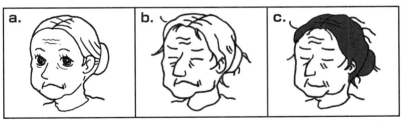

俳優
actor
演员
배우
diễn viên
メイクアップアーチスト
makeup artist
化妆师
메이크업아티스트
thợ trang điểm

6. 小山さんの家族は週末に何をしますか。 CD C-10

｛例 ⓐ．電車　b．車｝で｛a．ディズニーランド　b．動物園｝へ行く。
昼ごはんは｛a．レストランで食べる　b．お弁当を持って行く｝。
写真は｛a．カメラ　b．ケータイ｝で撮る。

第44課…39

第 45 課

救急車
ambulance
急救车
구급차
xe cấp cứu

1. **留学生寮で管理人が話しています。
次の場合は、どうしたらいいか、メモをしてください。** CD C-11

例）
泥棒が（① 入った　）場合は、
・部屋を（② そのままにしておく　）。
・（③ 110番　）に連絡する。

1）
交通事故にあわないように、
・雨のときは、傘をさして自転車に
　（①　　　　　　　）。
交通事故にあった場合は、
・（②　　　　　　　）に電話する。
・ひどいけがをした場合は、
　救急車を（③　　　　　　　）。

2）
（①　　　　　）が来た場合は、
・出かけない。
・部屋の窓を（②　　　　　）。
・（③　　　　　）を寮の中の方に入れる。

3）
寮が（①　　　　　）になった場合は、
・（②　　　　　）から逃げる。
・119番に電話をする。
・（③　　　　　）をした場合は、伝える。

2. **クララさんはお医者さんと話します。次の場合は、どうしたらいいですか。** CD C-12

例）（ 熱が高くない ）場合 …（ a ）
1）（　　　　　　　）場合 …（　　　）
2）（　　　　　　　）場合 …（　　　）
3）（　　　　　　　）場合 …（　　　）

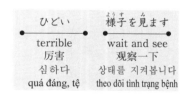

ひどい — terrible / 厉害 / 심하다 / quá đáng, tệ
様子を見ます — wait and see / 观察一下 / 상태를 지켜봅니다 / theo dõi tình trạng bệnh

3. ジャンさんはどんなことを経験しましたか。それについてどう思っていますか。 CD C-13

例)（ a ）…［ ① ］
1)（　　）…［　　］
2)（　　）…［　　］
3)（　　）…［　　］

①おかしい？？？
②恥ずかしい……。
③つまらない！
④よくない！
⑤うるさい！！！

4. 次の人はどんな不満を言っていますか。
どうなったらいいと思っていますか。 CD C-14

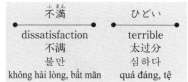

例)（ 英語を勉強した ）のに、アメリカに転勤できなかった。→（ a ）
1)（　　　　　　　）のに、給料が男の人より低い。　　→（　）
2)（　　　　　　　）のに、お金が払われなかった。　　→（　）
3)（　　　　　　　）のに、授業がない。　　　　　　　→（　）

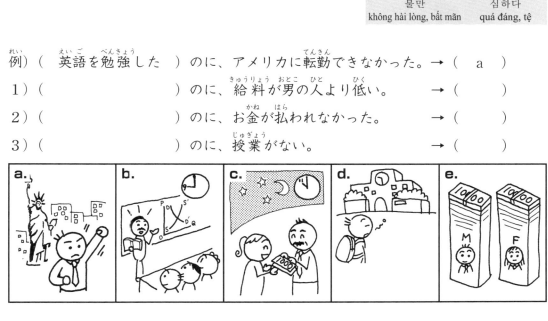

第45課…41

第 46 課

1. 先生がビデオを見せながら話しています。
   先生がビデオを止めて、説明したのはどの場面ですか。 CD C-15

場面
scene
场面
장면
ngữ cảnh, hoàn cảnh

	アホウドリ	巣	卵を産みます	飛びます
	albatross	nest	lay an egg	fly
	信天翁	鸟巢	生蛋	飞
	신천옹(바보새)	둥지	알을 낳습니다	납니다
	hải âu lớn đuôi ngắn	tổ	đẻ trứng	bay

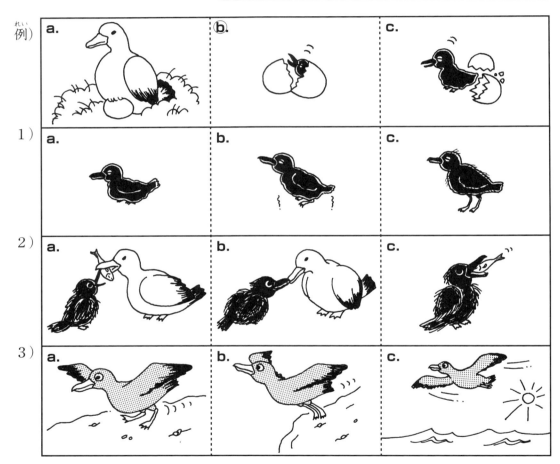

例) a. b. c.
1) a. b. c.
2) a. b. c.
3) a. b. c.

2. 電話で話しています。男の人は何と言いますか。 CD C-16

例) ⓐ. b. c.　1) a. b. c.
2) a. b. c.　3) a. b. c.

メッセージ
message
口信、留言
메시지
tin nhắn

42

3. エドさんは女の人と話します。どれが正しいですか。 CD C-17

スマホ
smartphone
智能手机
스마트폰
điện thoại thông minh

例) エドさんはおなかが { a. すいています。 / ⓑ. すいていません。 / c. 痛いです。 }

1) エドさんはパワー電気の { a. スマホに慣れています。 / b. スマホの使い方がよくわかります。 / c. スマホにまだ慣れていません。 }

2) エドさんは { a. 1か月に3回出張しました。 / b. 3か月まえに、会社に入りました。 / c. まだ仕事ができません。 }

3) ひかるさんは { a. ずっとまえに、結婚したので、 / b. 少しまえに、結婚しましたが、 / c. 病気になりましたから、 } もう離婚したいと思っています。

4. ミラーさんは会社の人の質問に答えます。どちらが正しいですか。 CD C-18

例) ⓐ.　b.
1) a.　b.
2) a.　b.
3) a.　b.

第47課

マイホーム	先日
one's own house	the other day
小家庭	前几天
마이홈	요전
nhà riêng	hôm trước

1. 男の人はどのはがきを見て話していますか。 CD C-19

例)(b) 1)(　　) 2)(　　)

a. 先月、引っ越ししました。 小さいですが、二人のマイホームです。 暇なとき、遊びに来てください。	b. 結婚しました！ 若い二人ですが、よろしくお願いします。
c. こんにちは。 4月に男の子が生まれました。 名前は太郎です。 顔を見に来てください。	d. 先日はお見舞いに来てくださって、ありがとうございました。 おかげさまで、先週退院しました。

2. ミラーさんはニュースやアナウンスを聞いて、会社の人に伝えました。正しく伝えているのはa、bのどちらですか。 CD C-20

例)(b)
1)(　　)
2)(　　)

アナウンス
announcement
广播
안내방송
thông báo

上陸します	ただ今
make landfall	at present
上陆	现在
상륙합니다	지금
đổ bộ	hiện giờ

手術
surgery
手术
수술
mổ, phẫu thuật

3. 友達に聞いたことをまとめてください。 CD C-21

例)(テレビ)によると、ある病院で手術をした人のおなかの中から
{a. 薬　ⓑ. はさみ} が見つかったそうだ。
手術のあと、調子が悪いので、もう一度診てもらって、わかったそうだ。

1）(　　　　)によると、(　　　　　　)で作られた橋で、
　　{a. 日本　b. 世界}でいちばん長いのが静岡県にある。
　　長さは{a. 1879　b. 897}メートルだそうだ。

2）(　　　　)によると、男の人が東京タワーから1万円札を
　　100枚{a. 投げた　b. 拾った}。警察が集めたが、
　　(　　　　)円しか集まらなかったそうだ。

3）(　　　　)によると、日本で{a. 東京　b. 京都}の人が
　　いちばんたくさんパンを食べるそうだ。いちばん少ないのは
　　{a. 兵庫県　b. 福島県}の人で、いちばんたくさん食べる
　　人たちの{a. $\frac{1}{2}$　b. 2倍}だそうだ。

東京タワー
Tokyo Tower
东京塔
동경타워
Tháp Tokyo

関西
area around Kyoto, Osaka and Kobe
以京都，大阪，神户为中心的地区
관서
vùng Kansai

人たち
people
人们
사람들
mọi người, những người

4. 古いアパートではいろいろな音が聞こえます。聞いた人は何の音だと思いましたか。ほんとうは何でしたか。 CD C-22

例）(a)…[i]
1）(　　　)…[　　] 2）(　　　)…[　　]
3）(　　　)…[　　] 4）(　　　)…[　　]

ほんとうは
actually
其实
사실은
sự thật là

第 48 課

> あなた
> darling
> 你（妻子对于丈夫较为亲密的称呼）
> 여보
> anh (xưng hô dùng khi vợ gọi chồng)

1. 小島さんの奥さんは家族にどんなことをさせていますか。
   そうしたら、家族はどうなりますか。 CD C-23

   例) ご主人に {a. 仕事 ⓑ. ジョギング} を（ させます ）。 → [④]
   1) たかし君に {a. 運動 b. 食事} を（　　　　）。 → [　]
   2) やすし君を {a. プール b. 海} へ（　　　　）。 → [　]
   3) きよし君に {a. テレビ b. 本} を（　　　　）。 → [　]
   4) はる子ちゃんに {a. 野菜 b. 肉} を（　　　　）。 → [　]

2. いろいろな店にお客が電話をかけます。だれが何をしますか。 CD C-24

   例) (　③　) …パソコンを {a. 修理します。 / b. 返します。}

   1) (　　) …あした荷物を {a. 見に行きます。 / b. 運びます。}

   2) (　　) …食べ物とカタログを {a. 届けます。 / b. 送ります。}

   3) (　　) …すぐ車を {a. 運転します。 / b. 見に行きます。}

専門　specialty　专业　전문　chuyên môn
者　person　者, 人　자, 인, 가　người
係　person in charge　担当者　담당　người phụ trách
配達します　deliver　投递　배달합니다　chuyển phát

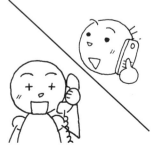

①係の人　②お客　③専門の人　④店の人　⑤配達の人

3. クララさんは隣の奥さんと子どものことを話しています。2人の子どもは次のことができますか。 CD C-25

できる……○　　できない……×

例)（ × ）ハンス君はテレビをずっと見る。
1)（　）隣の息子さんは犬を飼う。
2)（　）ハンス君はバイオリンを習う。
3)（　）隣の娘さんはことし、留学する。

4. マリアさんは外国人の子どもたちのためにどんなことを頼みましたか。うまくいった場合は、○を、だめな場合は、×を書いてください。そして、次にすることを書いてください。 CD C-26

例) ⎰ⓐ. 台所を使う。
　　⎱ b. 料理を売る。　　　　　　（ ○ ）→（ 申し込みの書類を出す ）

1) ⎰ a. 10月10日に運動会をする。
　　⎱ b. 10月10日にマラソンをする。　（　）→（　　　　　　　）

2) ⎰ a. ポスターをかく。
　　⎱ b. ポスターをはる。　　　　（　）→（　　　　　　　）

3) ⎰ a. パーティーをする。
　　⎱ b. 車を止める。　　　　　　（　）→（　　　　　　　）

第48課…47

第 49 課

プロジェクト
project
项目
프로젝트
dự án

1. ミラーさんは電話で大阪本社の松本部長と話します。
   松本さんはどんな予定ですか。 CD C-27

   例)（ 金曜日 ）に東京へ（ 来る ）。
   1) 新幹線で（　　　）ごろ東京に（　　　　）。
   2) 会議でプロジェクトについて（　　　　）。
      資料の準備は松本部長が（　　　　）。
   3) （　　　　）のあとで、マフーへ（　　　　）。
   4) 夜、東京で（　　　　）から、大阪へ（　　　　）。

2. 社長の答えはどうでしたか。 CD C-28

   ハワイ
   Hawaii
   夏威夷
   하와이
   Hawaii

   例) 本を（ 読んだ ）。
   1) お酒を（　　　　）。
   2) マフーの新しい部長に（　　　　）。
   3) 夏休みにハワイでうちを（　　　　）。

3. ミラーさんは新しい製品の発表会に行って、レポートを書きました。
   （　）にことばを書いてください。 CD C-29

   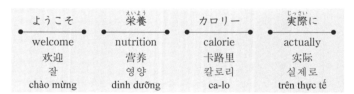

ようこそ	栄養	カロリー	実際に
welcome	nutrition	calorie	actually
欢迎	营养	卡路里	实际
잘	영양	칼로리	실제로
chào mừng	dinh dưỡng	ca-lo	trên thực tế

   わたしはきのう、ヨーネンの新しい製品『シャントナール』の発表会に（例：行った）。『シャントナール』はチョコレートで、1つの中に1日の栄養とカロリーが入っている。毎日1回（①　　　　）ば、ほかの食べ物は要らないそうだ。発表会では説明を聞いてから、ビデオを（②　　　　）、実際に『シャントナール』を（③　　　　）。おいしかった。それから、質問をしたり、意見を（④　　　　）りした。

4. シュミットさんは松本さんのうちへ行きました。何をしますか。 CD C-30

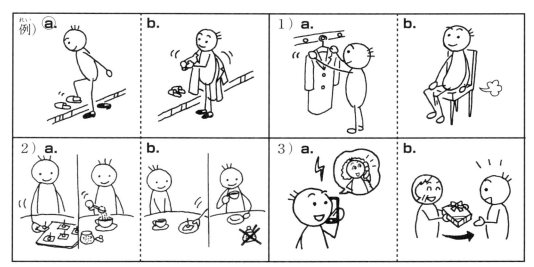

5. 結婚式でスピーチを聞きました。新郎新婦はどんな人ですか。
（　）にことばを書いてください。 CD C-31

新郎	新婦	国際的な	お手伝い
bridegroom	bride	international	help
新郎	新娘	国際的	帮助
신랑	신부	국제적인	도움
chú rể	cô dâu	(mang tính) quốc tế	(sự) giúp đỡ

(1) 鈴木　康男	(2) 鈴木　あけみ
東京で（例：生まれた）。 （①　　　　）のとき、アメリカへ （②　　　　）。 富士大学で（③　　　　）を勉強した。 IMCに（④　　　　）から、3年目に アメリカに（⑤　　　　）。 去年、日本へ帰った。 趣味は（⑥　　　　）ことだ。 ときどき（⑦　　　　）を開いて いる。	（①　　　　）で生まれた。 さくら大学を（②　　　　）。 大学のとき、（③　　　　）へ木 を植えに行った。（④　　　　） で困っている人の手伝いをした。 パワー電気に（⑤　　　　）。 趣味は（⑥　　　　）だ。 将来、世界の（⑦　　　　）に （⑧　　　　）を教えたいと思っ ている。
(3) 二人は去年の（①　　　　）にワットさんといずみさんの（②　　　　） 　　で（③　　　　）。	

第 50 課

1. マリアさんは店でどんなサービスをしてもらいますか。 CD C-32

ございます	預かります	お勘定
have	keep	check, bill
有	（代为）保管	付款
있습니다	보관하겠습니다	계산
có	trông giữ	thanh toán

例)（ a ） 1)（　） 2)（　）
3)（　） 4)（　）

a. b. c.
d. e. f.

2. インタビュー番組を聞きます。きょうのお客様はどんな人ですか。 CD C-33

インタビュー	いじめます	助けます	お姫様	魚たち	煙
interview	bully	save	princess	fish	smoke
采访	欺负	救	公主	鱼儿们	烟
인터뷰	괴롭힙니다	돕습니다	공주님	물고기들	연기
phỏng vấn	trêu trọc, bắt nạt	cứu giúp	công chúa	bầy cá	khói

　浦島太郎はある日、海岸で｛例 a．子ども ⓑ．かめ｝を助けて、お礼に海の中のお城に招待された。楽しく過ごしたあとで、お姫様にお土産をもらって、帰ったが、村に太郎のうちはなかった。知っている人はだれもいなかった。
　悲しくなって、お姫様と｛①a．約束していたので b．約束していたのに｝、お土産の箱を開けた。中から煙が出て、太郎は急に｛②a．年を取って b．気分が悪くなって｝しまった。箱に入っていたのは｛③a．3週間 b．300年｝の時間だった。
　太郎は海に戻って、お姫様に結婚を申し込んだ。お姫様の返事は｛④a．はい b．いいえ｝だった。
　今は｛⑤a．かめ b．お姫様｝といっしょにいろいろな国を旅行している。そして、子どもたちのために、｛⑥a．戦争 b．いじめ｝がない世界を作らなければならないと考えている。

かめ

3. ミラーさんは会話のあとで、何をしますか。 CD C-34

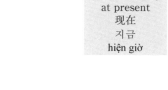

ただ今
at present
现在
지금
hiện giờ

例) 森さんに ａ. 電話をかける。
　　　　　　ｂ. 電話をかけてもらう。

1) 森さんが ａ. 電話で話しているので、待つ。
　　　　　　ｂ. 電話が終わったので、話す。

2) ａ. 森さんの会社へ行く。
　　ｂ. 森さんをレストランで待つ。

3) ａ. 森さんの連絡を待つ。
　　ｂ. 森さんに連絡をする。

4. いろいろなアナウンスを聞きました。どうしなければなりませんか。 CD C-35

アナウンス	お呼び出しを申し上げます	お越しください	ご遠慮ください
announcement	Paging ~	Please make your way to~	Please refrain~
广播	广播找人	请过来	请不要~
안내방송	찾습니다	오십시오	삼가해 주십시오
thông báo	chúng tôi xin được liên hệ với quý khách	hãy đến (cách nói lịch sự của "来てください")	Đề nghị không ~

携帯電話	また	たいへん
cellular phone	also	very
手机	另外	非常
휴대전화	또한	무척
điện thoại di động	ngoài ra	rất (nghĩa giống với "とても")

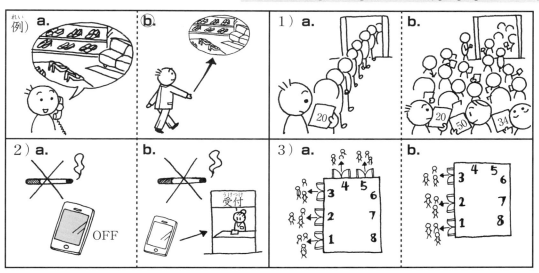

著者
牧野昭子（まきの　あきこ）
田中よね（たなか　よね）
北川逸子（きたがわ　いつこ）

翻訳
英語　スリーエーネットワーク
中国語　徐前
韓国語　姜瑢嬉
ベトナム語　LÊ LỆ THỦY

本文イラスト
向井直子　山本和香

表紙イラスト
さとう恭子

表紙デザイン
山田武

みんなの日本語 初級 II　第2版
聴解タスク25

2005年 3 月18日　初版第 1 刷発行
2018年 7 月18日　第 2 版第 1 刷発行
2025年 4 月10日　第 2 版第 7 刷発行

著　者　　牧野昭子　田中よね　北川逸子
発行者　　藤嵜政子
発　行　　株式会社スリーエーネットワーク
　　　　　〒102-0083　東京都千代田区麹町 3 丁目 4 番
　　　　　　　　　　　トラスティ麹町ビル 2 F
　　　　　電話　営業　03（5275）2722
　　　　　　　　編集　03（5275）2725
　　　　　https://www.3anet.co.jp/
印　刷　　倉敷印刷株式会社

ISBN978-4-88319-771-2　C0081
落丁・乱丁本はお取替えいたします。
本書の全部または一部を無断で複写複製（コピー）することは著作権法
上での例外を除き、禁じられています。
「みんなの日本語」は株式会社スリーエーネットワークの登録商標です。

みんなの日本語

Minna no Nihongo

初級II 第2版

聴解タスク25

スクリプト …… 1

答え …… 78

スリーエーネットワーク

スクリプト

第 26 課

CD A-1

1. 小森さんはどうですか。どうしてですか。

例) A：小森さん、おはようございます。
あ、忙しいんですか。

B：ええ、ちょっと手伝っていただけ
ませんか。

A：コピーですか。

B：ええ、会議の資料です。

A：会議は何時からですか。

B：9時半からです。

A：じゃ、時間がありませんね。急ぎ
ましょう。

1) B：おはようございます。

A：おはようございます。あ、小森さ
ん、調子が悪いんですか。

B：ええ、きのうの晩は忙しくて、
12時まで……。

A：12時まで？ 何をしていたんで
すか。

B：うちでアメリカ出張の準備をし
ていました。

A：そうですか。大変でしたね。

2) A：おはようございます。

B：ふあーっ、おはよう。

A：眠いんですか、小森さん。

B：ええ、きのうの晩お酒を飲みまし

たから。

A：何時まで飲んでいたんですか。

B：朝3時までです。高校のときの友
達と。久しぶりに会いましたから。

A：へえ、ずいぶん飲みましたね。

3) B：おはようございます。

A：小森さん、きょうは元気ですね。
いいことがあったんですか。

B：ええ、きのうの晩、子どもが生ま
れたんです。

A：それはおめでとうございます。ど
ちらなんですか。

B：とても大きくて、元気な女の子
です。

CD A-2

2. 学生はいろいろなことをします。どう
してですか。

例) A：さあ、始めましょう。皆さん、き
のうの宿題は？

B：先生、あのう。

A：タワポンさん、どうしたんです
か。

B：すみません、宿題を忘れました。
あした出してもいいですか。

A：うちに忘れたんですか。

B：実は、きのうできなかったんで
す。とても眠くて……。

A：じゃ、あしたは土曜日だから、月

曜日に出してくださいね。

B：はい。

1）B：先生、すみません。帰ってもいい
　　　ですか。

　　A：ジャンさん、どうしたんですか。
　　　調子が悪いんですか。

　　B：ええ、おなかがとても痛いんで
　　　す。

　　A：そうですか。じゃ、お大事に。

　　B：はい、失礼します。

2）A：じゃ、きょうはこれで終わりま
　　　す。皆さん、さようなら。

　　B：先生、さよならー。

　　A：あ、ミゲルさん、どうして急いで
　　　いるんですか。遊びに行くんです
　　　か。

　　B：いえ、サッカーの練習に行くん
　　　です。みんなが待っているんで
　　　す。

　　A：あ、そう。頑張って！

3）B：あのう、先生。

　　A：何ですか、エドさん。

　　B：月曜日休んでもいいですか。

　　A：月曜日は漢字の試験があります
　　　よ。どうしたんですか。

　　B：実は、あした国の両親が来るん
　　　です。いっしょに旅行に行きたい
　　　んです。

　　A：そうですか。じゃ、しかたがあり
　　　ませんね。火曜日の午後、授業
　　　が終わってから、事務所に来てく

ださい。試験をしましょう。

B：ありがとうございます。先生もい
　　い週末を。

CD A-3

3．チンさんはどんな問題がありますか。
その問題をどうしますか。

例）A：鈴木さん、コピー機が動かないん
　　　ですが、ちょっと見ていただけま
　　　せんか。

　　B：今、ちょっと忙しいんです。す
　　　みませんが、この説明書を見て、
　　　自分でやってください。

　　A：はい。あのう、わからないときは
　　　……。

　　B：そのときは、僕に聞いてください。

1）A：すみません、鈴木さん、わたし、
　　　市役所へ行かなければならないん
　　　ですが、いっしょに行っていただ
　　　けませんか。日本語で説明した
　　　り、書いたりしなければなりませ
　　　んから、ちょっと心配なんです。

　　B：きょうですか。きょうは時間がな
　　　いんです。

　　A：うーん、じゃ、あしたはどうです
　　　か。

　　B：あしただったら、いいですよ。

2）A：あのう、鈴木さん、自分で漢字を
　　　勉強したいんですが、いい本を
　　　紹介していただけませんか。

　　B：漢字の本ですか。僕、よく知らな

2 …スクリプト　第26課

いんです。でも、よかったら、土曜日の午後、いっしょに本屋へ行きましょうか。

A：はい、よろしくお願いします。

3) A：ちょっとすみません、鈴木さん。これを捨てたいんですが、ごみの日を教えていただけませんか。

B：燃えないごみですね。すみません。僕は知らないんですよ。掃除の人に聞いてください。

A：今、いないんですよ。

B：じゃ、1階の階段の近くにごみの日のカレンダーがありますから、それを見たら、わかりますよ。

A：そうですか。ありがとうございます。

CD A-4

4. カリナさんは日本についていろいろ知りたいことがあります。どこへ行ったらいいですか。どうしたらいいですか。

例) A：田中さん、ちょっと教えてください。わたし、一度も剣道を見たことがないんです。ぜひ見たいんですが、どこへ行ったらいいですか。

B：えーと、みどり高校に剣道クラブがありますよ。郵便局の近くです。

A：あのう、直接行ってもいいですか。

B：そうですね。子どもの友達がみどり高校の剣道クラブにいますから、聞いてあげましょうか。

A：ありがとうございます。

1) A：田中さん、わたし、お寺について知りたいんですが、だれに聞いたらいいですか。

B：お寺ですか。いろいろな本がありますよ。図書館で調べたら、わかりますよ。

A：違うんです。お寺の人の生活について知りたいんです。

B：じゃ、市役所の前のお寺の人を紹介しましょうか。近くですから、これから行きましょう。

A：よろしくお願いします。

2) A：田中さん、茶道についてレポートを書かなければならないんです。だいたいインターネットで調べたんですが、実際に茶道を見たいんです。どこへ行ったらいいですか。

B：茶道ですか。この近くに有名なお茶の先生がいますよ。うちは図書館の前です。

A：あ、そうですか。ぜひ見学したいんですが……。

B：そうですね。まず電話をかけて、お願いしないと……。

A：あ、そうですね。

3) A：田中さん、わたし、一度着物を着たいんですが、……。

B：え、まだ着たことがないんですか。

A：ゆかたは着たことがあるんですが……。ぜひ、ほんとうの着物を着たいんですが、どうしたらいいですか。

B：そうですか。駅の近くの店で借りることができますよ。1回1万円ぐらいですね。

A：ええっ、1万円?!

B：あ、カリナさん、いい所を思い出しました。交流センターに着物の着方を練習するクラブがあります。そこで貸してもらったら、安いですよ。

A：え、ほんとうですか。いくらぐらいですか。

B：1,000円ぐらいです。場所はお寺の前ですよ。着方も教えてくれますよ。

A：あ、それはいいですね。

第 27 課

CD A-5

1. 留学生が映画を作ります。どの仕事をだれがしますか。どうしてですか。

A：みんなで映画を作りたいと思うんですが……。

B：どんな映画ですか。

A：侍の映画です。

F：おもしろいですね。やりましょう。

A：映画には、いろいろな仕事があります。まず、お話を書かなければなりません。ミゲルさん、どうですか。

C：はい、書けると思います。子どものときから、よくお話を作っていましたから。侍と忍者の話はどうですか。あ、お姫様も。

A：じゃ、ミゲルさん、おもしろい話をお願いします。

〜〜〜〜〜〜〜〜〜〜

A：タワポンさんは何ができますか。

B：僕はビデオが撮れますよ。カメラのことは心配しないでください。

〜〜〜〜〜〜〜〜〜〜

A：次に……侍になりたい人はいますか。

D：はーい、僕、侍になりたいです。剣道ができますから。

A：じゃ、エドさんは侍になってください。

〜〜〜〜〜〜〜〜〜〜

A：えーと、ジャンさんは何をしたいですか。でも、お姫様は無理ですね。

E：いえ、僕、お姫様になりたいです。歌舞伎では男の人が女の人

4 …スクリプト　第27課

になるんですよ。

B：ええっ！　でも、ジャンさんは声が高いですから……できますね。

〜〜〜〜〜〜〜

A：それから、忍者になれる人はいませんか。わたしはできませんが。

F：あ、わたし、速く走れます。高い所に登れます。狭い所に入れます。

A：じゃ、キムさん、お願いします。

〜〜〜〜〜〜〜

B：あのう、メイクはだれが……？

A：わたしを忘れないでください。わたしは絵がかけます。みんなの顔にすてきな絵をかいてあげますよ。

B〜F：カリナさん、お願いします。

CD A-6

2．会社の寮でできることは何ですか。できないとき、どうしますか。

例1） A：初めまして。パクです。きょうからお世話になります。

B：管理人の前田です。どうぞよろしく。

A：あのう、質問があるんですが、部屋でインターネットができますか。

B：ええ、もちろんできますよ。

例2） A：あのう、僕は夜10時ごろ帰るんですが、洗濯できますか。

B：10時ですか。洗濯は夜の9時までなんです。

A：そうですか。

B：ええ、休みの日にお願いします。

1） A：あのう、僕、料理が好きなんですが、部屋で料理してもいいですか。

B：部屋で料理ですか。部屋ではガスが使えませんから……。

A：そうですか。

B：食堂の隣に小さいキッチンがあります。そこでできますよ。

A：あ、そうですか。ありがとうございます。

2） A：時々友達とパーティーをしたいと思うんですが……。

B：部屋でパーティーですか。それはできませんね。隣の人がいますから。

A：じゃ、食堂でやってもいいですか。

B：食堂だったらいいですよ。

3） A：実は、来月友達が日本へ来るんですが、僕の部屋に泊まってもいいですか。

B：部屋にですか。それはちょっと……。

A：あ、だめですか。

B：いえ、今使っていない部屋がありますから、そちらに泊まれますよ。

A：ああ、そうですか。じゃ、よろしくお願いします。

CD A-7

3. 昔、初めてオーストラリアへ行った人は何を見ましたか。何を聞きましたか。

例) A：ああ、もう1か月、海の上にいるなあ。

B：そうですね。……あ、島だ。大きい島です。とてもきれいな山が見えます。

A：よし。さあ、行くよ。

1) A：きれいな所だなあ。あ、おもしろい動物がいる。

B：わ、子どもだ！

A：え、どこに？

B：ほら、おなかを見てください。……見えますか。

A：あ、見えた、見えた！　おなかに子どもがいる！

2) A：だれもいないね。

B：あ、人の声が聞こえますよ。

A：人の声？　だれもいないけど……。

B：あ、あそこに鳥がいますよ。あの鳥の声ですよ。

A：おもしろい鳥だなあ。

3) A：この木に登ったら、景色がよく見えると思うよ。

B：そうですね。僕が登ります。

…………

A：おーい、上から何が見える？

B：大きい川が見えまーす。

A：町は？

B：見えませーん。

CD A-8

4. ミラーさんは旅行に行きました。ミラーさんのメールを書いてください。

A：いらっしゃいませ。

B：先週予約したマイク・ミラーですが……。

A：はい、お部屋は315です。こちらへどうぞ。

B：このホテルは古いですね。いつできたんですか。

A：この建物は1937年にできました。あちらは3年まえに、できました。

～～～～～～～～

B：新しい建物より古い建物のほうがすてきですね。

A：ええ。でも、新しい建物にはエレベーターがありますが、こちらには階段しかないんですよ。こちらへどうぞ。

～～～～～～～～

A：こちらがお部屋です。窓から富士山が見えますよ。

B：ほんとうだ。とてもきれいですね。ああ、鳥の声が聞こえますね。

A：そうですね。温泉は1階にあります。いつでも入れますから、どうぞ。

B：じゃ、これから入ります。温泉からも富士山が見えますか。

A：すみません。温泉からは見えません。

〜〜〜〜〜〜〜

B：もしもし、ミラーですが、もうク
　リーニングはできましたか。

A：えーと、どんな物ですか。

B：上着とシャツをお願いしたんです
　が……。いつできますか。

A：シャツは今晩9時までにできま
　す。上着はあしたになりますね。

B：あしたですか。今晩シャツといっ
　しょにできませんか。

A：すみません。それはちょっと……。

〜〜〜〜〜〜〜

B：もしもし、部屋で食事ができま
　すか。

A：ルームサービスですね。はい。

B：じゃ、カレーとコーヒーをお願い
　します。

A：すみません。もう9時ですから、
　食べ物はサンドイッチしかできな
　いんですが。

B：そうですか。じゃ、サンドイッチ
　とコーヒーをお願いします。

第 28 課

CD A-9

**1. 先生が学生に注意します。学生はど
うしますか。**

例） A：痛［い］！

B：あっ、すみません。先生、大丈
　夫ですか。

A：電話をしながら自転車に乗った
　ら、危ないでしょう？

B：ええ。あのう、大丈夫ですか。

A：大丈夫よ。でも、気をつけてく
　ださいね。

B：はい、すみません。

1） A：エドさん、何を食べているんです
　か。

B：ガムです。

A：あなたの国ではガムをかみながら
　先生の話を聞いてもいいんです
　か。

B：はあ。

A：日本ではね、よくないことなんで
　すよ。それに、日本語の練習が
　できませんよ。

B：はい、すみません。

2） A：ミゲルさん、ミゲルさん。

B：はあ？　あ、先生、何ですか。

A：図書館では音楽を聞きながら勉
　強しないでくださいね。音が聞
　こえますよ。

B：あ、そうですか。

A：ええ、音楽は外で聞いてくださ
　い。

B：はい、わかりました。

3） A：タワポンさん。スピーチはもう全
　部覚えましたか。

B：いいえ、先生、まだです。

A：そうですか。あさってまでに全部
　覚えてくださいね。

スクリプト　第28課…7

原稿を見ながら話してはいけません
んよ。

B：はい、わかりました。頑張ります。

CD A-10

2. おじいさんはどんな生活をしましたか。どちらですか。

A：太郎、テレビを見ながら勉強し
てはいけないよ。

B：おじいちゃん、勉強じゃないよ。
雑誌を読んでいるんだ。

A：勉強しない。本は読まない。最
近の子どもはほんとうに……。わ
しが子どものときは、本を読みな
がら歩いて学校に通ったよ。

B：えっ、おじいちゃん、そんなこと
したら、危ないよ。

A：ほんとうに一生懸命勉強したん
だよ。

~~~~~~~~~~~~~~

でも、うちにはお金がなかったか
ら、昼、働きながら夜、高校に
通ったんだ。

B：へえ、おじいちゃん、元気だった
んだね。

A：うん、元気だったなあ。でも、生
活が大変だったから、17歳のと
き、学校をやめて、船の会社に
入ったんだよ。

B：へえ、船に乗ったの？

A：うん。船でいろいろな仕事をしな

がら外国語を勉強したんだよ。

B：ふうん、おじいちゃん、まじめ
だったんだね。

~~~~~~~~~~~~~~

A：そして、22歳のとき、フランス
で、とてもすてきな女の人に
会ったんだ。

B：へえ、その人、おじいちゃんの彼
女？

A：まあ、な。それで、船を降りて、
フランス人に柔道を教えながら
しばらくフランスで生活したんだ
よ。

B：へえ、おじいちゃん、柔道がで
きるの？

A：うん、まあ、な。外国語ができ
て、柔道ができたら、世界のど
こでも行ける。太郎も勉強とス
ポーツをしなければならないよ。

B：それで、フランス人の彼女は？
どうして結婚しなかったの？　お
ばあちゃんには、いつ会ったの？

A：うん、まあ、な。……。

CD A-11

3. 学生の食事についてアンケートをします。学生の答えを書いてください。

例）A：すみません。毎日の食事につい
てちょっと教えていただけません
か。

B：毎日の食事？　いいですよ。

Ａ：毎日朝ごはんを食べていますか。

Ｂ：うーん、毎日は食べていません。食べるときは、だいたいパンとコーヒーですね。コンビニで買っています。

1) Ａ：昼ごはんは？

Ｂ：毎日大学の食堂で食べています。

Ａ：どんな物を食べていますか。

Ｂ：ラーメンやカレーですね。安いから。

Ａ：そうですか。

2) Ａ：晩ごはんはどうしていますか。

Ｂ：晩ごはんですか。いつもうちで食べています。時々自分で料理を作りますよ。でも、たいていコンビニで買った物を食べていますね。便利だし、いろいろあるしね。

3) Ａ：買い物はいつもどこでしていますか。スーパーですか。

Ｂ：コンビニですね。コンビニがなかったら、生活できませんよ。

Ａ：そうですか。どうもありがとうございました。

Ｂ：いいえ。

CD A-12

4. 会社の人はどちらを選びましたか。どうしてですか。

例) Ａ：新しい社員は黒井さんと赤井さんの2人から選びたいんですが。

Ｂ：そうですね。どちらも英語が上手ですね。

Ａ：黒井さんは有名な東都大学を出ているし、専門は経済ですよ。

Ｂ：でも、赤井さんはベトナム語もできるし、アフリカへボランティアに行った経験もあると言いましたね。元気で明るいし、まじめな人だと思いましたよ。

Ａ：うん、これからの仕事はアジア、アフリカですね。じゃ、この人ですね。

1) Ａ：秋の社員旅行ですが、どこがいいですか。

Ｂ：そうですね。北海道がいいと思うんですが。

Ａ：北海道はちょっと遠いでしょう？沖縄はどうですか。

Ｂ：でも、北海道は紅葉がきれいだし、秋は魚がおいしくなる季節だし、それに温泉にも入れるし……。

Ａ：沖縄は海がきれいだし、おもしろい建物も見られるし、豚肉料理もおいしいですよ。

Ｂ：グプタさんもアリさんも肉を食べませんよ。それに涼しい所へ行きたいと言いましたよ。

Ａ：そうですか。じゃ、……。

2) Ａ：新しい製品のコマーシャルを作るんですが、若い歌手を使いたいと思っているんです。ヤッホーと

スクリプト　第28課…9

スキップと、どちらがいいと思いますか。

B：そうですね。スキップは人気もあるし、映画やテレビドラマの経験もありますね。

A：ええ。でも、ヤッホーはまだあまり有名じゃないけど、歌も上手だし、ダンスもすばらしいし、これから人気が出ますよ。新しい製品のコマーシャルですからね。

B：うーん、じゃ、将来がある人のほうがいいですね。

A：ええ。じゃ、こちらですね。

第 29 課

CD A-13

1. 友達がいずみさんに注意しました。いずみさんはどうしますか。

例） B：あれ？　いずみ、車の電気がついているよ。

A：え？　あ、ほんとう。ついているね。ちょっと待っていて。

1） B：いずみ、かばんが開いているよ。

A：え？　ほんとう。

B：危ないね。気をつけて。

A：うん。

2） B：いずみ、シャツのボタンが外れているよ。

A：あら、そう？　ありがとう。

3） A：ああ、おいしかった。ごちそうさま。

B：いずみ、アイスクリームが付いているよ。

A：え？　どこ？

B：口の横。違う。右。そう。そう。

A：ありがとう。

CD A-14

2. 店の人はどうして「こちらのをどうぞ」と言いましたか。

例） A：すみません。これ、ください。

B：はい、ありがとうございます。お皿が5枚ですね。

A：はい。

B：あ、これは……。

A：あれ、割れていますね。

B：すみません。こちらに新しいのがありますから、こちらのをどうぞ。

1） A：すみません。大きい袋をください。

B：はい。これでいいですか。

A：ありがとう。あれ？　これは破れていますよ。

B：え？　どうもすみません。こちらのをどうぞ。

2） B：いらっしゃいませ。

A：てんぷら定食、ください。

B：かしこまりました。

…………

B：お待たせしました。

A：あれ？　すみません。このはし、折れているんですけど。

10…スクリプト　第29課

Ｂ：あ、どうもすみません。こちらの
をどうぞ。

3）Ａ：すみません。きのうこちらで買っ
たセーターなんですが。

Ｂ：はい。

Ａ：ここ、汚れているんです。

Ｂ：ああ、そうですね。どうもすみま
せん。こちらに同じ物があります
から、こちらのをどうぞ。

Ａ：ありがとう。

CD A-15

3. タワポンさんはすごい人です。どうしてすごい人ですか。

例）Ａ：タワポンさん、昼ごはんを食べま
せんか。

Ｂ：もう食べました。

Ａ：え？ いつ食べたんですか。

Ｂ：休み時間に食べてしまいました。

Ａ：え？ 10分の休み時間に？ 速
いですね。

1）Ａ：タワポンさん、スピーチはもう覚
えましたか。

Ｂ：はい。もう覚えました。

Ａ：え？ ほんとうに覚えてしまった
んですか。きのうはまだでしたね。

Ｂ：はい。けさ学校へ来るとき、1時
間公園で練習しました。全部覚
えましたよ。

Ａ：へえ、すごいですね。

2）Ａ：タワポンさん、夏休みの宿題は

もうやってしまいましたか。

Ｂ：ええ、富士山についてレポートを
書きました。

Ａ：え？ 先週聞いたとき、まだで
したね。

Ｂ：ええ。この土曜日と日曜日、頑張
りました。

3）Ａ：タワポンさん、その本、どうです
か。おもしろいですか。

Ｂ：ええ、おもしろかったですよ。

Ａ：え？ もう読んでしまったんですか。

Ｂ：ええ。読んでしまいましたよ。よ
かったら、どうぞ。1週間あっ
たら、読めますよ。

Ａ：タワポンさんが1週間だったら、
わたしは3週間かかりますよ。

CD A-16

4. ミラーさんはこれからどうしますか。

例）Ａ：ミラーさん、もう12時ですね。
食事に行きませんか。

Ｂ：すみません。このレポート、書い
てしまいたいですから、お先にど
うぞ。

Ａ：何分ぐらいかかりますか。

Ｂ：10分ぐらいです。

Ａ：10分ですか。おなかもすいたし、
レストランも込むし、……。じゃ。

1）Ａ：あ、12時50分ですね。もう会社
に戻らないと。1時から会議なん
です。

スクリプト 第29課…11

B：お先にどうぞ。わたしはこのコーヒーを飲んでしまいますから。

A：じゃ。

2）A：もう5時ですね。帰りませんか。

B：すみません。あしたから出張なんです。この資料を作ってしまわないと、……。

A：大変ですね。

B：ええ。ですから、お先にどうぞ。

A：わかりました。じゃ。

CD A-17

5. エドさんはよく小さい失敗をします。何をしましたか。どうしますか。

例）A：エドさん、どうしたんですか。

B：本をなくしてしまったんです。

A：またですか。今度は何の本？

B：先週図書館から借りた本です。それを読んで、レポートを書いたんですが。

A：これですか。

B：あ、それです。先生、どこにありましたか。

A：わたしの机の上にありましたよ。レポートといっしょに。

B：ああ、よかった。すぐ返しに行きます。

1）B：こんにちは。

A：こんにちは。エドさん、きょうは新しいかばんだね。

B：え？ 新しいかばん？ わあ、

まちがえてしまった。これ、ミゲルさんのだ。

A：ミゲルさん、捜していると思うよ。すぐ電話しないと。

B：うん。わかった。

2）A：いらっしゃいませ。

B：すみません。このケータイなんですけど、けさ、駅で落としてしまいました。それから全然動きません。

A：ちょっと見せてください。ああ、これはもう使えませんね。

B：ええー？ 残念！ でも、しかたがありませんね。新しいのをお願いします。

A：はい、かしこまりました。

第 30 課

CD A-18

1. 学生寮はどんな問題がありますか。その問題をどうしますか。

例）A：最近、寮の前に自転車がたくさん置いてありますね。きれいじゃありません。

B：ええ、片づけない人が多いんです。ちょっと問題ですね。「自転車置き場に入れてください」と書いてあるんですが。

A：じゃ、寮の前に自転車を置いた人の名前を書いて、ロビーにはり

ましょう。

B：そうしましょう。

1）A：ロビーがちょっと暗いですね。

B：ええ、カーテンが掛けてあるんですが、とても汚れているんです。

A：じゃ、カーテンを取りましょう。明るくなりますよ。

B：でも、なかったら、外から部屋の中が全部見えますよ。

A：じゃ、洗いましょう。

2）A：ロビーの壁にポスターがはってありますね。

B：ああ、去年の留学生の旅行のポスターですね。

A：もう要らないから、捨てましょう。

B：そうですね。

3）A：あの部屋の外に本がたくさん置いてありますね。

B：ジャンさんの部屋ですね。彼はとてもたくさん本を持っていますから。部屋の中にはもう置けないんですよ。

A：でも、危ないですよ。捨てましょう。

B：それは……ちょっと。ジャンさんに片づけてもらいましょう。

CD A-19

2. 今、クララさんがいる茶室はどれですか。

A：クララさん、こちらがこのお寺の茶室です。

B：静かですてきですね。でも、ちょっと狭いですね。

A：ええ、この茶室は大切な人2、3人とゆっくりお茶を飲む所なんです。ですから、狭いんです。

B：あ、ドアがある。でも、低い所に作ってありますね。

A：ええ、庭から来る人はここから入ります。

B：へえ。ここから入るんですか。あ、きれいな花が飾ってありますね。

A：ええ、この庭で咲いた花なんですよ。

B：この花瓶は有名な人が作ったんですか。

A：ええ、そうですよ。すてきでしょう？

B：ええ。あそこに絵が掛けてありますね。何がかいてあるんですか。

A：あれは絵じゃありません。ひらがなが書いてあるんですよ。

B：あ、わかりました。「はる」ですね。

A：そうです。さあ、クララさん、どうぞ座ってください。

スクリプト　第30課…13

B：はい。え、テーブルはないんですか。

A：ええ、茶室にはテーブルや机は置かないんですよ。

B：そうなんですか。

A：さあ、お茶をどうぞ。

B：いただきます。

CD A-20

3. スピーチコンテストの準備をしています。何がどこにありますか。

例) A：あしたのスピーチコンテストの準備はできましたか。

B：はい。だいたい終わりました。ちょっと教室の中を見てください。

A：いすはいくつ並べましたか。

B：スピーチをする人が10人、聞く人が80人ぐらいですから、全部で90並べてあります。

A：聞きたい人がたくさん来たら、どうしますか。

B：そのときは隣の教室から借りましょう。

1) A：スピーチをする人はあそこに立つんですね。

B：はい。机の真ん中にマイクが置いてあります。

A：前の壁にはってある紙は？

B：窓側ですね。スピーチをする人の名前が書いてあります。

A：ああ、いいですね。

2) A：プログラムはできましたか。

B：はい。教室の外に机がありますね。プログラムはその上に置いてあります。スピーチを聞いてから、意見を書いてもらう紙もいっしょに置いてあります。

A：時々ボールペンや鉛筆を持っていない人がいますよ。

B：大丈夫です。意見を書く紙の横に鉛筆が置いてありますから。

3) A：いちばんいいスピーチをした人にあげるプレゼントは？

B：電子辞書ですね。きのう、買いに行きました。

A：どこにあるんですか。

B：あそこに引き出しがありますね。あの中にしまってあります。スピーチが終わってから、審査員の所へ持って行きます。

A：それから、スピーチをした人はみんなプレゼントがもらえるんですね。

B：ええ、本が買えるカードです。それも電子辞書といっしょにしまってあります。

A：そうですか。じゃ、もう準備はできましたね。

CD A-21

4. ロボットと旅行に行きます。ロボットの名前は「アイモ」です。アイモは次のことをしますか。

例) A：あしたから旅行だな。アイモ、荷物をまとめておいて。

B：何を持って行きますか。

A：僕の服と下着をかばんの中に入れておいて。

B：わたしは何を持って行ったらいいですか。

A：アイモは電池だけ持って行ったらいいよ。

B：はい、わかりました。

1) A：アイモ、これから飛行機に乗るよ。かばんからチケットとパスポートを出しておいて。

B：これですか。

A：ううん。それは手帳だよ。それは元の所に戻しておいてね。こっちだよ。

B：はい。

2) A：さあ、ホテルに着いた。アイモ、広くて、いい部屋だよ。

B：はい。窓を開けましょうか。

A：窓は開けなくてもいいよ。そのままにしておいて。あ、脱いだ服をしまっておいてね。

B：はい、しまっておきます。

3) A：あ、このシャツ、汚れたから、洗っておいてね。

B：はい、わかりました。あのう、かばんの中の物を全部出しましょうか。

A：ううん。そのままにしておいて。

4) A：アイモ、もうすぐ昼ごはんの時間だね。イタリア料理のレストランを予約しておいてね。

B：はい、何時に行くと言いましょうか。

A：そうだな。シャワーを浴びてから、出かけたいから、1時に行くと言っておいて。

B：はい、わかりました。あのう、わたしもシャワーを浴びるんですか。

A：君は浴びなくてもいいよ。そのまま待っていてね。

5) A：わあ、すごい料理だ。いただきます。

B：たくさん仕事をしましたから、わたしもおなかがすきました。ちょっと食べてもいいですか。

A：だめだめ。君はそのままそこに座っていてね。あとで電池をあげるよ。

B：でも、電池は全然おいしくないんです。それが食べたい……。

A：僕のだよ。触らないで。もう少し待っていてね、アイモ。

B：何もくれないの？ ふん、じゃ、日本へ帰って、ほかの仕事を探すよ。

スクリプト　第30課…15

A：え、帰るの？

B：荷物はそのままにしておくから、あしたからは全部自分でしてね。バイバイ。

A：アイモ、行かないで！　君がいなかったら、困るんだ。

3）A：ああ、すごかったね。

B：うん、ピカソも、人も。

A：ちょっと何か飲まない？

B：じゃ、どこかに入ろう。

A：うん。あ、あの店は？

B：いいよ。

第 31 課

CD A-22

1．男の人と女の人は展覧会に行きます。何をしますか。

例）A：ピカソの展覧会、もう見た？

B：ううん、まだ。

A：じゃ、見に行かない？

B：今から？

A：うん、行こうよ。

B：いいよ。

1）A：うわあ、人が多いね。

B：よく見えないから、もっと前の方へ行こうよ。

A：無理よ。人がたくさんいるから、行けないよ。

B：じゃ、しかたがないね。ここから見よう。

2）A：ちょっと疲れたね。

B：うん、ちょっと休憩しよう。

A：あ、あそこにいすがあるけど、……みんな、座って［い］る。

B：じゃ、全部見てしまおうよ。

A：うん、それから、休もうね。

CD A-23

2．小山さんは来月転勤します。これから、どうしますか。

例）A：小山さん、最近忙しいですか。

B：ええ……実は、来月東京に転勤するんです。

A：えっ、じゃ、引っ越しですか。大変ですね。

B：いいえ、1年だけですから、一人で行こうと思っているんです。家族はこちらに残るんです。

1）A：住む所はどうするんですか。

B：会社が準備してくれます。

A：でも、いろいろ買わなければならないでしょう？

B：ええ。ですから、家具が付いているアパートを探してもらおうと思っているんです。

A：それは便利ですね。

2）A：食事が大変ですね。

B：ええ。でも、毎日外で食べたら、お金もかかるし、体にもよくないし……。それで、簡単な食事だったら、自分で作ろうと思って

16…スクリプト　第31課

いるんです。

A：へえ、そうですか。料理を習いに行くんですか。

B：いいえ、本を買って、自分で勉強しようと思っています。

3) A：休みの日はどうするんですか。一人で寂しくないですか。

B：時々大阪へ帰りますけど、実はスペイン語を勉強しようと思っています。

A：へえ、自分で勉強するんですか。

B：いいえ。ちょっと調べたんですが、町にはいろいろな教室があるんですよ。それで、スペイン語教室に行こうと思っているんです。

A：そうですか。じゃ、いつかスペインを旅行できますね。

B：ええ。それに、将来、南アメリカへボランティアに行きたいと思っているんです。

A：へえ、すごいですね。

CD A-24

3. 将来の夢について聞きました。山本君と坂口さんの夢を書いてください。

1) A：山本君は高校を出てから、大学で何を勉強するつもりですか。

B：あのう、僕は大学へは行かないつもりです。

A：どうしてですか。

B：僕は料理が好きなんです。すばらしい料理人になりたいと思っています。それで、まず料理学校に入ろうと思っています。それから、フランスやイタリアへ行って、有名なレストランで働きたいんです。

A：ずっとヨーロッパに住むつもりですか。

B：いいえ、日本へ帰って、40歳までに自分の店を持つつもりです。そして、みんなに僕のおいしい料理を食べてもらいたいです。

A：そうですか。山本君の料理、わたしもいつか食べたいです。頑張ってください。

B：はい、ありがとうございます。

2) A：坂口さんは大学へ行こうと思っていますか。

B：はい。大学院まで行くつもりです。わたしは動物学を勉強して、医者になるつもりなんです。

A：動物のお医者さんですか。

B：ええ。そして、動物の病院と研究所を作ろうと思っています。

A：動物の研究所？

B：ええ、子どものときから、動物のことばを知りたいと思っていました。いろいろな動物を飼って、動物のことばを研究するつもりです。

スクリプト　第31課…17

A：おもしろい研究ですね。

B：ええ。動物と話せたら、きっと楽しいですよ。

A：すばらしい夢ですね。

CD A-25

4. ミラーさんは手帳を見ながら話しています。いつ歌舞伎に行きますか。

A：ミラーさん、一度歌舞伎が見たいと言いましたね。今、おもしろい歌舞伎をやっているから、見に行きませんか。

B：いいですね。ぜひ、行きたいです。いつまでやっているんですか。

A：来週の日曜日までですけど、……。今度の土曜日はどうですか。

B：土曜日は仕事の予定があります。あのう、今週の日曜日はどうですか。

A：すみません。日曜日はちょっと友達と約束があるんです。

B：じゃ、月曜日は？ わたしは土曜日仕事をするから、月曜日に休みを取る予定です。

A：月曜日は歌舞伎が休みなんです。

B：そうですか。

A：来週の週末はどうですか。

B：そうですね。じゃ、……。

第 32 課

CD A-26

1. 隣の人はとても親切です。チンさんはどうしますか。

例) A：チンさん、今週の土曜日はこのアパートの大掃除だけど、覚えて[い]る？

B：大掃除？ 何をするんですか。

A：アパートの周りをみんなで掃除するのよ。掃除が終わったら、いっしょに昼ごはんを食べるの。

B：土曜日はちょっと約束があるんですけど。

A：1年に1回のことだから、参加したほうがいいと思うよ。みんなと友達になれるいいチャンスだし。

B：わかりました。約束を変えてもらいます。

1) A：チンさん、買い物はいつもコンビニでして[い]るの？

B：はい。便利ですから。

A：コンビニは高いでしょう？ マルヤスーパーへ行ったほうがいいよ。ちょっと遠いけど。

B：そうですね。これからそうします。

2) A：チンさん、最近いつも遅いね。

B：ええ。残業があったり、ミーティングがあったり、……。

A：仕事だったら、しかたがないけど

18…スクリプト 第32課

……。駅からはバスに乗って[い]るの？

B：いいえ、歩いています。遅くなると、バスがないんです。

A：遅くなったら、タクシーに乗ったほうがいいよ。危ないから。

B：はい。これからそうします。

3) A：最近元気がないけど、どうしたの？　忙しいの？

B：実は、今の仕事をやめようと思っているんですが。

A：どうして？

B：給料も安いし、残業も多いし……。

A：やめて、どうするの？

B：ほかの仕事を探します。

A：でも、今の仕事、田中さんに紹介してもらったんでしょう？

B：ええ。

A：やめるまえに、田中さんに話しておいたほうがいいと思うよ。

B：そうですね。そうします。

CD A-27

2. サントスさんは地震について注意を聞きました。どんな準備をしておきますか。もし地震があったら、何をしなければなりませんか。○を付けてください。

A：日本は地震が多いですね。

B：ええ。でも、あまり心配しないでください。よく準備しておいた

ら、大丈夫ですよ。

A：どんな準備をしておいたらいいですか。

B：まず、いつもうちに水と食べ物を準備しておきます。それから、寝るときは、お金とパスポートを近くに置いておいたほうがいいです。あ、ケータイも。

A：はい。

B：それから、部屋の中の高い所に物を置いておかないほうがいいですよ。危ないですから。

A：わかりました。

~~~~~~~~~~

A：もし地震があったら、まず何をしなければなりませんか。

B：ガスを使っていたら、すぐ消して、それから、机の下に入ってください。

A：え？　すぐ外に出ないほうがいいんですか。

B：はい。すぐ外に出ると危ないです。窓のガラスなどが落ちてきますから。地震が終わってから、外に出てください。

A：わかりました。

スクリプト　第32課…19

CD A-28

3. 日本の将来について講義を聞きました。今はa、bのどちらですか。将来は①、②のどちらになりますか。

例） 100年ぐらいまえから地球が暖かくなっています。このまま地球が暖かくなると、これからの100年間に日本は今より2度から4度ぐらい高くなるでしょう。35度より暑い夏の日が多くなって、寒い冬の日が少なくなるでしょう。そして、水、食べ物などが大きい問題になるでしょう。

1） 日本は人が少なくなっています。今の若い人はあまり子どもを作りません。1つの家族に子どもは1.5人ぐらいです。20年後には老人が多くなって、3.6人に1人が老人になります。若くて、元気で、働くことができる人が少なくなると、日本の経済はだんだん弱くなるでしょう。これは大変な問題です。

2） 今から70年ぐらいまえ、日本人は今より背が低かったです。17歳の男の人は平均161センチ、女の人は152センチでした。食べ物がよくなって、1996年に男の人は171センチ、女の人は158センチになりました。でも、それからは高くなっていません。どうしてでしょうか。今、若い人はあまり運動をしません。寝る時間も少なくなりました。この生活が続いた

ら、これからも日本人の背は高くならないでしょう。

CD A-29

4. 何を心配していますか。どうしますか。

例） A：サントスさん、何か心配なことがあるんですか。

B：ええ。あした、富士山へ写真を撮りに行こうと思っているんですが、今夜は星も見えないし、月も出ていません。

A：そうですね。あしたは富士山が見えないかもしれませんね。

B：ええ。あしたは近くの動物園へ行って、動物の写真を撮ります。

A：そうですね。富士山は天気がいい日に撮ったほうがいいですね。

1） A：マリアさん、どうしたんですか。何を心配しているんですか。

B：見てください。空がとても暗くなりました。

A：そうですね。雨が降るかもしれませんね。

B：ええ。けさ洗濯した物が外に出してあるんです。

A：じゃ、早く帰って入れないと。

B：ええ。

2） A：テレーザちゃん、何を見ているの？

B：見て。あそこに黒い猫がいる。

A：あ、ほんとうだ。

B：怖い。黒い猫、嫌い。何か悪いことがあるかもしれないよ。

A：そう？

B：きょうはもう遊ばない。帰る。

A：ええ？

第 33 課

CD A-30

1. リンさんは会社の人と話しています。どうしますか。

例）A：あ、危ない。機械を止めろ。リン君、どうしたんだ。

B：すみません、先輩。実は、頭がとても痛いんです。

A：じゃ、しばらく休憩しろよ。

B：でも、まだ仕事が終わりませんから、もう少し続けます。

A：そんなに頑張らなくてもいいよ。仕事はあとでいいから、ちょっと休めよ。

B：はい。

1）A：さあ、リン君、今度は君が投げろ。

B：はい、先輩！

A：リン君、今のはだめだ。強いボールを投げろ！

B：ああ、もう投げられません。手が痛いです。

A：もう少し続けろよ。頑張れ。

B：はい。

2）A：いい店だったね。料理もおいしかったね。

B：はい。ごちそうさまでした、課長。うちまで送りますよ。僕、車で来ましたから。

A：え、君、確か、お酒を飲んだね。

B：はい。でも、少しだけです。

A：だめだめ。お酒を飲んだら、車に乗ってはいけないよ。車はここに置いて、君も電車で帰れよ。

B：はい。

3）A：もうすぐクリスマスだね。リン君はどうするの？

B：ええ、彼女と……。

A：へえ、いいなあ。早く結婚しろよ。

B：はい。クリスマスに申し込むつもりです。

A：頑張れ、リン君。

CD A-31

2. 何について話していますか。ケリーさんはこれからどうしますか。

例）A：小川さん、ポストにこんな紙が入っていたんですけど、これは何と読むんですか。

B：これは「ごふざいれんらくひょう」と読むの。ケリーさんがいないときに、荷物を持って来たから、ここに連絡してくださいという意味よ。

スクリプト　第 33 課…21

A：電話番号はどこに書いてあります
か。

B：えーと、これね。

1) A：ねえ、小川さん、このシャツ、洗
濯機で洗っても大丈夫ですか。

B：ちょっと見せて。あ、だめね。こ
のマーク、「家で洗ってはいけな
い」という意味よ。

A：じゃ、どうしたらいいんですか。

B：クリーニング屋へ持って行ったら
いいわ。

2) A：小川さん、こんな手紙が荷物の中
に入っていたんですけど、これは
何と読むんですか。

B：これは「ふりこみようし」と読む
の。ケリーさん、インターネット
で何か買ったの？

A：ええ、本を買いました。

B：これはね、この紙を持って行っ
て、お金を払ってください、とい
う意味よ。

A：あのう、5時までに郵便局へ行
けないんですけど……。

B：あ、コンビニでも大丈夫よ。

A：ああ、よかった。じゃ、コンビニ
へ払いに行きます。

3) A：小川さん、この牛乳、ちょっと
おかしいんです。味がいつもと違
うんですけど。

B：ちょっと見せて。あ、これはだめ
よ。4日までに飲んでくださいと

書いてあるわ。きょうは8日で
しょう？　いつ買ったの？

A：10日ぐらいまえだったと思いま
す。

B：飲んだら、おなかが痛くなるかも
しれないわよ。

A：じゃ、もったいないけど、捨てま
す。

CD A-32

3. コンビニでアルバイトをしていると
き、わからないことばを聞きました。
どういう意味ですか。

例) A：おい、早くしろ。もたもたする
な。

B：はい。あのう、近藤さん、「もた
もたする」はどういう意味です
か。

A：「仕事が遅い」という意味だよ。
さあ、早く荷物を運んで。

B：あ、はい。

1) A：おい、お客さんがきょろきょろ
していたら、手伝ってあげろよ。

B：はい。近藤さん、「きょろきょろ
する」はどういう意味ですか。

A：「何かを探しながら周りを見る」
という意味だよ。

B：わかりました。

2) A：おい、食べ物に触るまえには、手
を洗えよ。君を見ていると、はら
はらするよ。

B：はい、洗います。あのう、「はらはらする」はどういう意味ですか。

A：「危ないことをするから、心配だ」という意味だよ。

B：よくわかりました。

3）B：近藤さん、休みの日は何をしていますか。

A：たいていごろごろしているな。

B：ごろごろ？「ごろごろする」はどういう意味ですか。

A：「何もしない。うちでゆっくりする」という意味だよ。

B：ふーん、僕も毎日うちでごろごろしています。

CD A-33

4．どう伝えますか。正しいメモはどれですか。

例）B：パワー電気です。

A：IMCのミラーですが、シュミットさんはいらっしゃいますか。

B：あ、ミラーさん、いつもお世話になっています。シュミットは今、出かけています。

A：じゃ、すみませんが、あしたの会議ですが、朝はしない、午後1時から始めると伝えていただけませんか。

B：はい、わかりました。伝えておきます。

1）B：IMCでございます。

A：ミラーですが。おはようございます。

B：あ、ミラーさん、おはようございます。

A：あのう、鈴木さんはいらっしゃいますか。

B：今、席を外していますが……どうしましょうか。

A：じゃ、これからグプタさんとそちらへ行くから、しばらく待っていてください、と伝えていただけませんか。

B：はい、わかりました。

2）B：IMCでございます。

A：あのう、ミラーですが、電車が遅れているんです。すみませんが、課長に少し遅れると伝えていただけませんか。

B：どのくらい遅れますか。

A：そうですね。10分、いいえ、20分ぐらい遅れると思います。

B：はい、そう伝えておきます。

3）B：おはようテレビでございます。

A：木村いずみさんはいらっしゃいますか。

B：今、会議中ですが。

A：何時に終わりますか。

B：失礼ですが、どなたですか。

A：あ、すみません。マイク・ミラーと申しますが。

スクリプト　第33課…23

B：ミラーさんですね。会議は5時までの予定です。5時15分ごろには戻ると思います。

A：じゃ、あとでもう一度お電話しますと伝えていただけませんか。

B：はい、わかりました。

A：よろしくお願いします。失礼します。

第 34 課

CD A-34

1. a、b、cのどれですか。

例）皆さん、わたしが今からことばを言いますから、聞いたとおりに、書いてください。じゃ、いいですか。「赤い、黒い、軽い」「赤い、黒い、軽い」。

1）今から番号を言いますから、番号のとおりに、カードを並べてください。では、言います。白の3、黒の8、黒の6、白の1。もう一度言います。白の3、黒の8、黒の6、白の1。

2）ここに図がありますね。図の線のとおりに、紙を折って、上に太い矢印を書いてください。太い矢印ですよ。

3）盆踊りをしましょう。まず、右手を上げて、それから、左足を上げて、……右手はそのままにして、顔は左を見てください。左ですよ。じゃ、ここまで。わたしがしたとおりにしてください。

CD A-35

2.「学生交流会」のプログラムを作ってください。

A：来週の「学生交流会」のプログラムを決めましょう。

B：ええ。いちばん初めはスピーチですね。日本人学生の青木さんと留学生のエドさんですが、どちらが先がいいですか。

A：まず、日本人学生がしてから、留学生がやったほうがいいと思います。

B：じゃ、青木さんのあとで、エドさんですね。

A：ええ、そうですね。

〜〜〜〜〜〜〜〜

A：それから、歌とダンスですが……歌が3つとダンスが2つあります。歌は中国、インドネシア、韓国、ダンスはタイとメキシコのです。

B：じゃ、まず、タイのダンス、次に中国の歌はどうですか。

A：うーん、中国の歌を聞いたあとで、ダンスを見たほうがいいと思いますよ。

B：そうですか。じゃ、タイのダンスのあとで、インドネシアの人に歌ってもらいましょう。

〜〜〜〜〜〜〜〜

24…スクリプト　第34課

Ａ：じゃ、インドネシアの歌のあと
　　で、メキシコのダンスですね。

Ｂ：山下さんとジャンさんの柔道も
　　ありますよ。

Ａ：あ、そうですね。いつしてもらい
　　ましょうか。

Ｂ：じゃ、柔道はメキシコのダンス
　　のまえはどうですか。

Ａ：いいですね。そうしましょう。

〜〜〜〜〜〜〜

Ｂ：それから、韓国の学生に歌っても
　　らいましょうか。

Ａ：ええ、韓国の歌のあとで、日本の
　　盆踊りですね。

Ｂ：そして、みんなで歌を歌って、終
　　わりましょう。

Ａ：それはいいですね。じゃ、これで
　　プログラムができました。

CD A-36

3. シュミットさんは病院へ行きました。
どうしますか。

例）Ａ：来週の健康診断ですが、胃も調
　　べますから、何も食べないで9時
　　までに来てください。

Ｂ：はい。あのう、水は飲んでもいい
　　ですか。

Ａ：いいえ、食べ物も飲み物もだめで
　　す。

Ｂ：はい、わかりました。

1) Ａ：上着を脱いで、そこに乗ってくだ
　　　さい。

　　Ｂ：はい。あのう、下着は？

　　Ａ：脱がなくてもいいです。……あ、
　　　靴は脱いで乗ってくださいね。

　　Ｂ：はい、わかりました。

2) Ａ：レントゲン写真を撮りますね。
　　　まっすぐ立ってください。動かな
　　　いで、そのままにしてください。

　　Ｂ：はい。

　　Ａ：じゃ、いいですか。

　　Ｂ：はい。

3) Ａ：食事のときは、食べ物をよくか
　　　んで食べてください。あまりかま
　　　ないで食べると、胃の調子が悪
　　　くなりますよ。

　　Ｂ：はい。

　　Ａ：それから、料理はあまり塩を使
　　　わないで作ってくださいね。野菜
　　　をたくさん食べてください。

　　Ｂ：はい、わかりました。

4) Ｂ：あのう、コーヒーをよく飲むんで
　　　すが、コーヒーは大丈夫ですか。

　　Ａ：毎日どのくらい飲みますか。

　　Ｂ：そうですね。6杯ぐらいです。

　　Ａ：ああ、それは多いですね。1日に
　　　2、3杯だったら、いいですよ。
　　　でも、砂糖は入れないで飲んでく
　　　ださい。

　　Ｂ：ミルクは？

　　Ａ：ミルクはたくさん入れてもいいで

スクリプト　第34課…25

すよ。

B：わかりました。

CD A-37

4. IMCの社長が新しい規則について話しています。社員は次のことをしてもいいですか。

皆さん、ことしの目標は「むだをなくそう」です。今までの働き方を変えて、いろいろなむだをなくしましょう。まず、時間です。時間は大切です。会議は時間のむだです。今まで、月曜日と木曜日の午後会議をしていましたが、長い会議はしないで、毎朝15分ミーティングをします。ミーティングは座らないで、立ってします。

また、残業も多いです。これからは残業しないで、5時半までに仕事を終わってください。

それから、うちから会社まで長い時間がかかる人は会社へ来ないで、うちで仕事をしてもいいです。1週間に2日、会社へ来てください。毎朝のミーティングにはインターネットを使って参加してください。

〜〜〜〜〜

次に、お金と物のむだをなくします。出張はほんとうに必要なときだけします。

新幹線で行ける所は飛行機を使わ

ないで、新幹線に乗ってください。

電気や紙のむだも多いです。コピーはほんとうに要るときだけしてください。資料はパソコンで見られます。それから、昼休みは部屋の電気を消してください。エアコンもできるだけ使わないでください。夏はスーツの上着を着ないで、シャツだけで会社へ来てもいいです。

〜〜〜〜〜

最後に、場所のむだをなくします。これからは、部長の席はありますが、そのほかの皆さんは自分の机がありません。会社へ来たら、いつも同じ所に座らないで、好きな場所に自分のパソコンを置いて、仕事をしてください。いろいろな人と話すチャンスが多くなりますから、新しいアイディアも生まれるでしょう。では、皆さん、きょうから頑張ってください。

第 35 課

CD B-1

1. ことわざの意味を聞きました。どういう意味ですか。

例） A：おじいちゃん、けさのテレビで「3人寄れば文殊の知恵」と言っていたけど、どういう意味？

B：それはね、難しい問題でも、3

26 …スクリプト　第35課

人でいっしょによく考えれば、いい方法が見つかるという意味だよ。

A：そうか。じゃ、あしたから宿題はテレーザちゃんと太郎君といっしょにやろう。

1) A：おばあちゃん、あのね、きょう、学校から帰るとき、100円拾ったんだ。

B：そう。よかったね。「犬も歩けば棒にあたる」だね。

A：え？ 「犬も歩けば棒にあたる」？ どういう意味？

B：それはね、外を歩いていれば、いいことにあえるという意味だよ。

A：わーい。じゃ、あしたから雨でも、風でも外を歩こう。

B：でも、悪いことにもあうかもしれないから、気をつけてね。

2) A：おばあちゃんはいつも「ちりも積もれば、山となる」と言うけど、どういう意味？

B：それはね、小さい物でもたくさん集めれば、大きい山になるという意味だよ。

A：ふーん。

B：1日に漢字を5つ覚えると、1か月で150、1年で1,800覚えられるよ。すごいでしょう？

3) A：おじいちゃん、今度お父さんが、北海道に転勤するんだけど、僕、

行きたくない。

B：どうして？

A：お母さんが北海道は寒いと言っていたし、それに、友達もいないし。

B：大丈夫だよ。どこでも「住めば都」だよ。

A：「住めば都」？ どういう意味？

B：どんな所でも、そこの生活に慣れれば、そこがいちばんいい所だと思うという意味だよ。

A：ふーん。僕も北海道が好きになると思う？

B：もちろんだよ。

CD B-2

2. うちを探しています。どれを借りますか。家賃はいくらですか。

A：すみません。うちを探しているんですが。

B：はい。どんなうちですか。

A：家族5人です。広いうちがいいんですが……。

B：広いうちですか。こちらはいかがですか。静かだし、庭もあるし、駅まで10分です。

A：家賃は？

B：20万円です。

A：うーん。給料が100万円あれば、借りられますが。

…………

スクリプト 第35課…27

A：15万円までのものはありません
　か。

B：マンションなら、15万円までで
　あります。

A：1階なら、マンションでもいいで
　すよ。子どもがうちの中を走って
　も大丈夫でしょう？

B：じゃ、こちらはいかがですか。1
　階です。家賃は10万円です。静
　かですよ。周りに何もありません
　から。

A：広いですね。しかし、駅まで20
　分。うーん。もう少し近ければね
　え。

…………

B：では、こちらはどうですか。駅ま
　で10分。ここなら、病院も近い
　し、スーパーもあるし。家賃は
　15万円です。

A：家賃はいいですが、ちょっと狭い
　ですね。もう少し広ければいいん
　ですが。

B：安くて、広くて、便利で、……
　難しいですね。

A：じゃ、遠くてもいいです。家賃が
　安いのをお願いします。

CD B-3

3. カリナさんはボランティアガイドに京都を案内してもらいました。何をしましたか。どう思いましたか。どうしてですか。

例） A：ガイドさん、この案内書に紹介
　してある建物、きれいですね。ぜ
　ひ見学したいんですけど。

B：ああ、桂離宮ですね。そこは申
　し込んでおかなければ、見学でき
　ないんですよ。

A：そうですか。残念です。

1） A：にぎやかですね。

B：ええ、今、祇園祭なんですよ。

A：祇園祭？

B：ええ。京都でいちばん有名なお
　祭りです。

A：あの高い車は何ですか。

B：ああ、あれは長刀鉾です。

A：あの上に乗りたいです。

B：あれは、男の人じゃなければ、
　乗れないんですよ。

A：そうですか。

2） A：わ、舞妓さんだ。きれい。わたし
　も舞妓さんの着物を着たい……。

B：ああ、着られますよ。あそこで申
　し込めば、……。

A：自分で着るんですか。

B：いいえ、難しいですから、手伝っ
　てもらわなければ、着られません
　よ。

28…スクリプト　第35課

....

B : あ、カリナさん、きれいですよ。

A : ありがとう。でも、重い……。すみません。写真を撮っていただけませんか。

3）A : ああ、楽しかった。ありがとうございました。

B : いいえ。役に立ちましたか。

A : もちろん。京都のことがよくわかりました。

B : そうですか。

A : ボランティアガイドは、町のことをよく知らなければ、できませんね。

B : そうですね。でも、いろいろな人に会えますから、おもしろいですよ。

CD B-4

4. ミラーさんは何を見ますか。どこへ行きますか。

例）A : まえから一度日本の政治の中心を見たいと思っていたんですが。

B : 日本の政治の中心なら、国会議事堂へ行けばいいと思いますよ。

A : 予約が必要ですか。

B : いいえ、平日なら、いつでも見られますよ。

A : 外国人でも入れますか。

B : 大丈夫だと思います。心配なら、確認しましょうか。

1）A : 一度東京の町を高い所から見たいんですが。

B : 高い所なら、東京タワーか東京スカイツリーに登ればいいですよ。よく見えますよ。

A : どちらがいいですか。

B : スカイツリーのほうが高いですから、よく見えるでしょう。天気がよければ、富士山も見えますよ。

A : それはいいですね。

2）A : 秋ですね。ことしは紅葉を見たいと思っているんですが。

B : 紅葉ですか。紅葉なら、日光ですよ。秋の日光はほんとうにきれいですから。

A : 日光？　有名な東照宮がある所ですね。ちょっと遠くないですか。

B : 観光バスに乗ればいいですよ。バスの窓から見える景色がとてもきれいだし、いろいろな所も案内してくれるし……。

3）A : もうすぐ春ですね。桜が楽しみです。どこの桜がいいですか。

B : 桜なら、上野公園がいいですね。動物園もあるし……。

A : 動物園？　う〜ん、わたしは静かな所が…。
お寺とかも見られれば、もっといいんですけど。わたしは歴史が好きなんです。

B : それなら、鎌倉ですね。古いお寺

もあるし、大仏も見られるし
……。

A：え、鎌倉にも大仏があるんです
か。それはいいですね。

第 36 課

CD B-5

1. 小川さんの家にどんな物があります
か。どうしてありますか。

例）A：いらっしゃい。さあ、どうぞ。

B：わあ、この鏡、デザインがすて
きですね。

A：ありがとうございます。出かける
とき、服が見られるように、掛け
てあるんです。

1）B：あの木、おもしろいですね。

A：あれですか。「金のなる木」です。

B：「金のなる木」？

A：ええ。お金がたくさんうちへ来る
ように、置いてあるんです。

B：へえ、わたしも欲しいです。

2）B：眼鏡がたくさんありますね。玄関
にもテレビの前にも。

A：ええ。いつでもどこでもすぐ字が
読めるように、置いてあるんで
す。

B：それは便利ですね。

A：ええ。でも、時々1つの所に3
つあるんですよ。

3）B：写真がたくさん飾ってあります

ね。あの棚の上のは結婚式の写真
ですか。

A：ええ。結婚したときのことを思い
出すように、飾ってあるんです。
特に夫とけんかしたときに。

B：へえ、よく思い出しますか。

A：ええ、毎日。

CD B-6

2. おじいさんと孫が話しています。2人
は今どうですか。

例）A：「む・か・し、む・か・し・あ・
……ろ？　ら？」おじいちゃん、
これ、何と読むの？

B：えーと、それは。……困ったな。
わしは小さい字が見えないんだ
よ。

A：困ったね。おじいちゃん、はい、
眼鏡。

B：おお、ありがとう。えーっと、こ
れは「る」だよ。

A：「む・か・し・む・か・し・あ・
る・と・こ・ろ・に」

B：すごい。太郎、ひらがなが読める
ようになったね。

A：うん。

1）B：太郎、公園へ行って遊ぼうか。

A：うん。おじいちゃん、僕、自転車
で行く。

B：え？　太郎、自転車に乗れるよう
になったのか？

A：うん。

B：そうか。よかったな。わしはもう、80歳だからな。危ないから、乗らないんだ。

A：おじいちゃん、僕がもっと上手になったら、僕のうしろに乗ったらいいよ。

B：ハハハ、危ないよ。

2）A：おじいちゃん、お誕生日おめでとう。僕、お誕生日の歌、英語で歌えるよ。

B：それはすごい。聞きたいな。

A：いいよ。ハッピーバースデートゥーユー、ハッピーバースデートゥーユー。

B：もうちょっと大きい声で歌ってくれないか。このごろ耳が悪くなってな……。

A：うん、いいよ。ハッピーバースデートゥーユー、ハッピーバースデートゥーユー。

B：すごいな。太郎、英語の歌が歌えるようになったんだね。

CD B-7

3. 俳優の原恵子さんはいつもどんなことに気をつけていますか。

例）A：原恵子さん、お元気ですね。何か特別なことをしていらっしゃるんですか。

B：いいえ。特別なことは何もしてい

ませんが、健康には気をつけています。いつもよく食べて、よく寝るようにしています。

A：それだけですか。

B：それに、毎日5キロ歩くようにしています。

1）A：原恵子さん、目がきれいですね。どうしたら、そんなにきれいな目になるんですか。

B：目ですか。わたしはあまり長い時間、本を読んだり、テレビを見たりしないようにしています。

A：それだけですか。

B：それに、1日に何回も遠い所を見るようにしています。

A：そうですか。

2）A：原恵子さん、すてきな声ですね。どうしたら、そんなにすてきな声になるんですか。

B：声ですか。毎朝、歌の練習をしています。

A：それだけですか。

B：それに、外から帰ったとき、必ずお茶でうがいをするようにしています。

3）A：原恵子さん、手がきれいですね。どうしてそんなに手がきれいなんですか。

B：手ですか。いつも手袋をして寝るようにしています。

A：それだけですか。

スクリプト　第36課…31

B：それから、重い荷物は持たないようにしています。

A：そうですか。ありがとうございました。

CD B-8

4. 男の人はプールへ行きました。注意を聞いて、どうしますか。

例）C：皆さんにお願いします。プールに入るときは、十分な準備運動をしてから、入るようにしてください。準備運動をしないで入ると、危険です。

………

A：そこの人、準備運動をしましたか。

B：あ、すみません。

1）C：皆さんにお願いします。30分に1回ぐらいはプールから出て休憩するようにしてください。長い時間水の中に入っていると、体に悪いです。

………

A：そこの人、もう1時間入っていますよ。

B：はい。わかりました。

2）C：皆さんにお願いします。危ないですから、プールの周りは走らないようにしてください。

………

A：そこの人、急ぐと、危ないですよ。

B：はーい。

3）C：皆さんにお知らせします。プールは6時に終わります。5時50分にはプールから出るようにしてください。

………

A：そこの人、出てくださーい。終わりですよ。

B：はい、わかりました。

第 37 課

CD B-9

1. 高橋さんは会社の人と話しています。高橋さんに何がありましたか。

例）A：高橋さん、何かあったんですか。

B：ええ、部長にしかられたんです。残業するなと言われたんです。

A：それは大変でしたね。

B：残業するなと言われても、忙しいときは、しかたがありませんよ。

A：そうですね。

1）A：高橋さん、何かいいことがあったんですか。

B：ええ。実は渡辺さんに映画に誘われたんです。

A：へえ。

B：新しい韓国映画のチケットをもらったと言っていました。

A：それはよかったですね。

B：ええ。

2）A：何かあったんですか。

B：実は部長のお宅に招待されたん
です。

A：へえ。森部長ですか。

B：ええ。あまり行きたくないんです
けど……。

A：まあ、そんなこと言わないで。
きっと楽しいですよ。

B：うーん、そうですね……そうかも
しれませんね。

3）A：いいことがあったんですか。

B：部長に呼ばれたんです。アメリ
カに転勤です。新しい仕事を頼
まれたんですよ。

A：へえ、すごいですね。何年ぐらい
の予定ですか。

B：2年です。

A：そうですか。おめでとうございま
す。頑張ってください。

B：ええ、ありがとうございます。

4）A：何かあったんですか。

B：ええ。実はきのう渡辺さんに結婚
を申し込んだんです。いっしょに
アメリカへ行こうと言ったんです
が、行きたくないと言われて……。

A：そうですか。残念でしたね。

B：ええ。

A：また、きっとどこかにいい人がい
ますよ。

CD B-10

2. 海外旅行で困ったことについてラジオ番組で話しています。何がありましたか。どうしましたか。ポスターの絵の番号を書いてください。

例）A：きょうは「海外旅行で困ったこ
と」について、皆さんにお話を
聞きます。まず、山田さんです。
山田さんは何か問題がありました
か。

B：ええ、わたしは空港で荷物をまち
がえられたことがあります。いく
ら待っても、わたしの荷物が来な
いから、おかしいなと思ったんで
すよ。ほかの人がまちがえて、
持って行ってしまったんです。

A：大変でしたね。すぐ見つかりまし
たか。

B：いいえ、次の日空港から連絡が
あって、ホテルまで持って来てく
れました。

A：そうですか。

1）A：小川さんはいかがですか。

C：わたしはね、とられたんですよ。
お金もカードもね。

A：どこでですか。

C：グループ旅行の皆さんとパリで買
い物して［い］たとき。いつもは
下着の中に入れて［い］るんだけ
ど、その日は小さいバッグに入れ
て［い］たんですよ。それでね、

スクリプト　第37課…33

とられてしまったんですよ。

A：へえ、大変でしたね。

C：ええ、警察に連絡したり、大使館へ行ったり、もうほんとうに。でも、皆さん、とても親切でしたよ。

2）A：鈴木さんは？

D：そうですね。わたしは道で2人の男に上着のうしろが汚れていると言われたんです。それで、上着を脱いだときに、かばんをとられました。

A：上着は男たちに汚されたんですね。

D：ええ、汚しておいて、親切なことを言いながらとるんですね。

A：気をつけなければなりませんね。

D：ええ。そのときから気をつけています。それからは特に問題はありません。

A：そうですか。皆さん、きょうはどうもありがとうございました。これからもよく気をつけて、楽しい海外旅行をしてください。

CD B-11

3. 先生が写真を見せながら説明します。だれが、いつ、何をしましたか。

例）A：皆さん、この写真は法隆寺です。奈良県にあります。

B：法隆寺？　あ、聞いたことがあ

ります。確か木で造られた建物の中で、世界でいちばん古いですね。

A：ええ、607年に建てられました。聖徳太子という人が造ったお寺です。

1）A：これは900年ぐらいまえにかかれた絵です。

B：いろいろな動物がいろいろなことをしています。相撲をしたり……おもしろいですね。

A：ええ、日本でいちばん初めにかかれたマンガだと言われます。かいた人は鳥羽僧正という人です。

B：へえ、すごいですね。

2）A：皆さん、これは何だと思いますか。

B：わかりません。箱ですか。

A：これは電池です。わたしたちが使っている電池と同じものです。日本で発明されたんですよ。

B：ほんとうですか。

A：ええ、1887年に屋井先蔵という人が初めて作りました。でも、そのとき、日本には電池で動く製品がありませんでしたから、全然売れなかったんです。

B：へえ、電池があっても、製品がなかったんですか。

3）A：皆さん、これを見てください。粘

34…スクリプト　第37課

土で作られた人形です。

Ｂ：おもしろいデザインですね。ピカソが作ったんですか。

Ａ：いいえ、これは日本で作られました。4000年ぐらいまえの人が作ったんですよ。

Ｂ：へえ、どんなときに使われたんですか。

Ａ：まだよくわかりません。子どもが生まれるときや病気になったとき、お葬式のときなど、いろいろな意見があります。

4) Ａ：このお皿を見てください。「古伊万里」と呼ばれる物です。

Ｂ：きれいですね。いろいろな色で花や鳥がかいてあって…

Ａ：ええ、17世紀ごろ九州で作られて、ヨーロッパに輸出されました。

Ｂ：へえ、ヨーロッパに？

Ａ：ええ、オランダの会社が輸入しました。とても人気があって、ヨーロッパのいろいろな国のお城に飾られました。今でも見ることができますよ。

CD B-12

4. 説明を聞いて、ロボット工場の見学レポートをまとめてください。

皆さん、この工場では有名な「ドラポン」が作られています。ドラポンは猫の形のロボットで、わたしたちの会社「トニー」の若いエンジニアが考えました。この工場では、1か月に300台ぐらい作られています。今、いろいろな所で使われていて、特に小さい子どもやお年寄りがいる家で、とても人気があります。ドラポンはいっしょに遊べるし、簡単な仕事も手伝います。体が太いですから、スポーツは上手ではありませんが、動き方がとてもかわいいと言われます。それに、頭がよくて、教えれば、ことばを覚えますから、お話をしたり、歌を歌ったりします。いくら話しても、全然疲れませんから、お年寄りと何回でも同じ話ができます。今、ドラポンは子どもとお年寄りの「いちばんの友達」と言われています。また、日本語のほかにいろいろなことばが話せるドラポンも作られるようになって、外国へも輸出されています。ドラポンで世界は一つ……これがわたしたち、トニーの夢です。

第 38 課

CD B-13

1. 川田さんはどうしますか。どうしてですか。

例） A：川田さんは大学を出たら、どんな会社に入りたいですか。

B：会社には入りません。自分で会社を作ろうと思っているんです。

A：へえ、どんな会社ですか。

B：いろいろ便利な物を発明して売る会社です。

A：へえ。

B：生活で役に立つものを考えて作るのはおもしろいですよ。

1） A：川田さんは車がありますか。

B：いいえ。いつも電車を使っています。

A：え？ 若い人はみんな車が欲しいと思っているでしょう？

B：いいえ、最近の若い人は違いますよ。車を持つのはむだだと思っています。駐車場も要るし、いろいろお金もかかるし……。

2） A：川田さんは結婚についてどう考えていますか。

B：考え方が同じ人が見つかったら、結婚しますよ。ずっと一人で生活するのは寂しいですから。

A：そうですか。

3） A：川田さん、子どもは？ 好きですか。

B：ええ、好きです。できるだけたくさん欲しいです。

A：へえ。子どもがたくさんいると、生活は大変でしょう？

B：大変ですが、子どもを育てるのは楽しいと思いますよ。

CD B-14

2. 町の便利屋はいろいろな仕事をします。便利屋の社長はどの社員に仕事を頼みますか。

例） A：あのう、週末に外国からお客さんが来るんですが、わたしのうちはとても汚いんです。だれか掃除をしてくれる人はいませんか。

B：かしこまりました。いい人がいますよ。彼は掃除をするのが好きで、掃除を始めたら、食事をするのも忘れてしまうんです。

A：特におふろと台所が汚れています。

B：大丈夫です。彼なら、全部掃除してくれます。

1） A：あのう、わたし、毎日うちへ帰るのが遅いんです。それで、犬を散歩に連れて行く時間がありません。

B：犬の散歩ですね。大きい犬ですか。

A：ええ、このぐらいです。

B：かなり大きいですね。あ、ちょう

どいい人がいますよ。彼女は動物と遊ぶのがとても好きなんですよ。

2) A：すみません。来週、旅行に行くんですが、おばあちゃんのごはんを作ってくれる人をお願いしたいんです。1週間です。

B：1週間ですね。

A：それから、食事のあとで、いっしょにおしゃべりもしてもらいたいんです。

B：大丈夫です。おじいちゃんやおばあちゃんと話すのが好きで、料理が上手な人がいます。

3) A：すみません。先週この町に来たんですけど、引っ越しの荷物がなかなか片づかないんです。

B：そうですか。引っ越しは大変ですからね。

A：だれか手伝ってくれる人をお願いしたいんですが。

B：わかりました。ちょうどいい人がいますよ。力があって、物を整理するのが速くて、上手な社員です。

A：じゃ、よろしくお願いします。

CD B-15

3. チンさんはきのう何をしましたか。したことに○を付けてください。

A：チンさん、おはよう。

B：おはようございます。

A：あしたの会議のことはもうパワー電気に知らせましたか。

B：はい、きのう知らせました。時間は10時から、場所は3階の会議室で。

A：会議は英語ですると言いましたか。

B：はい、伝えました。

A：会議の資料はもう送りましたか。

B：はい、もちろんです。

A：カタログも？

B：カタログ？　あ、カタログを入れるのを忘れました。

A：今から送っても、間に合わないから、あした渡せばいいですよ。それから、きのう帰るとき、コピー機の電源を切るのを忘れましたね。

B：え？　そうですか。

A：気をつけてくださいよ。

B：すみません。

CD B-16

4. ミラーさんは日本についてどんな情報を聞きましたか。メモを書いてください。

例) A：ミラーさん、日本にも恐竜がいたのを知っていますか。

B：ほんとうですか。どこにいたんですか。

A：いろいろな所です。福井県に恐

スクリプト　第38課…37

竜の博物館がありますよ。

B：それはすばらしい。わたしは恐竜が好きですから、ぜひ見に行きたいです。

1）A：ミラーさん、京都の町は中国の町を研究して、作られたのを知っていますか。

B：いいえ、知りませんでした。

A：中国の町と同じデザインなんですよ。

B：へえ、中国のどこの町ですか。

A：西安です。京都よりずっと大きいですが。

B：へえ。おもしろいですね。今晩ゆっくりインターネットで西安について調べます。

2）A：ミラーさん、昔沖縄は1つの国だったのを知っていますか。

B：ほんとうですか。何という国ですか。

A：琉球王国です。

B：へえ。いつ日本になったんですか。

A：明治時代です。

B：そうですか。知りませんでした。わたしはまだ沖縄へ行ったことがありませんから、一度行って、いろいろ見たり、聞いたりしたいです。

3）A：ミラーさん、日本の漢字は中国から来たのを知っていますね。

B：ええ、もちろん知っています。

A：じゃ、日本でできた漢字のことばが中国語になったのを知っていますか。

B：いいえ、知りませんでした。どんなことばですか。

A：そうですね。「電話」や「経済」などです。もっとたくさんありますよ。

B：ぜひ知りたいです。どうやって調べればいいですか。

A：本を持っていますから、あした持って来ましょうか。

B：ええ、お願いします。

CD B-17

5. みんなのクイズです。正しい答えはどれですか。

例）A：みんなのクイズの時間です。皆さん、日本には仏教のお寺が7万7000ぐらいあります。コンビニよりずっと多いです。でも、仏教が生まれたのは日本じゃありません。今から2500年ぐらいまえにある国で生まれて、中国へ渡って、日本へ来ました。では、その国はどこですか。

B：タイは仏教の人が多いですね。タイですか。

A：いいえ。とても古い国です。カレーが有名です。その国の人がゼ

ロを発見したと言われています。

B：あ、わかりました。

1）A：あなたが好きな日本語のことばは何ですか。

B：「元気」です。みんな元気だったらいいですね。

A：そうですか。じゃ、日本人が好きなのは何だと思いますか。

B：日本語の先生はよく「大丈夫。大丈夫」と言います。「大丈夫」ですか。

A：いいえ。ある会社が調べました。親切にしてもらったときやプレゼントをもらったときに言うことばです。

B：あ、わかりました。

2）A：日本から世界中にいろいろなものが輸出されています。その中で、特に若い人に人気があるのは何ですか。

B：車ですか。

A：いいえ、違います。これが好きになって、日本語の勉強を始めた人がたくさんいます。

B：あ、わかりました。

3）A：日本にはおいしい料理がいろいろありますね。
　　その中で外国人がいちばん「おいしい」と言うのは何だと思いますか。

B：はい！　てんぷらです。魚も野

菜もあるし、ごはんの上に載せて食べてもおいしいし……。

A：いいえ。これは魚とごはんで作る冷たい料理です。今は世界中に店があって、魚のほかにいろいろな材料を使ったものも人気があります。

B：あ、わかりました。

第 39 課

CD B-18

1. いろいろなことを経験した人が話します。その人に何と言ったらいいですか。

例）先週の日曜日、朝早く地震があったでしょう？　わたしの国では地震はほとんどありませんから、びっくりして、起きました。本棚が倒れてしまったんですよ。けがはしませんでした。あんなにびっくりしたことはありません。

　♪a. けががなくて、よかったですね。

　　b. 家が壊れて、大変でしたね。

　　c. 本棚が倒れて、おもしろかったですね。

1）やあ、あんなにうれしかったことはありません。宝くじを1枚だけ買ったんですけど、3億円当たったんですよ。3億円ですよ。おかげさまで、家も建てられたし、新しい車も買っ

スクリプト　第39課…39

たし、それに、会社を始めたんです
よ。コンピューターのソフトを作る
会社です。すごいでしょう？

♪a．たくさんお金を使って、大変
　　でしたね。

　b．宝くじを買っても、むだでし
　　たね。

　c．宝くじが当たって、よかった
　　ですね。

2）わたしは好きな仕事をしていて、結婚
　は全然考えていませんでした。でも、
　友達の紹介で、すてきな人と会って
　しまったんです。彼は奥さんがいな
　くて、子どもが4人いました。みん
　なとてもかわいかったんです。それ
　まで子どもには興味がなかったんで
　すが、毎週日曜日にいっしょに動物
　園へ行ったり、お菓子を作ったりし
　ました。楽しかったです。そして、
　1年後に結婚しました。ええ、仕事
　も続けています。ときどき大変です
　が、仕事と家族、どちらも大切です
　から、頑張っています。

♪a．子どもがたくさんいて、うる
　　さいですね。

　b．彼と結婚できなくて、残念で
　　したね。

　c．仕事もあって、家族もいて、
　　いいですね。

3）日本へ来るまえに、すばらしい国だと
　　友達から聞いたんですよ。日本へ来

て生活すると、ほんとうに何でもあ
るし、交通も便利だし。……でも、も
う少し物価が安ければ、もっといい
と思いますよ。家族で旅行をしよう
と思っても、交通費やホテル代が高
くて、なかなか行けません。息子に
もっと日本のいろいろな所を見せた
いんですけどね。

♪a．日本には何でもあって、いい
　　でしょう？

　b．ほんとうに物価が高くて、大
　　変でしょう？

　c．家族で旅行できて、楽しかっ
　　たでしょう？

CD B-19

2.「学生相談室」へ来た人はどうして困っていますか。相談のあとで、どうしますか。

例）A：どうぞ。どんな問題があるんです
　　　か。

　B：あのう、わたし、試験のまえの晩
　　　はとても心配で、寝られないんで
　　　す。

　A：わたしも学生のときは、そうでし
　　　たよ。あのね、わたしは寝るまえ
　　　に、お酒を少し飲むんです。

　B：わたしはお酒が飲めないんです。

　A：じゃ、牛乳を飲むといいですよ。
　　　だんだん眠くなりますよ。

　B：ああ、友達に教えてもらいました

が、だめでした。

A：じゃ、この方法は？ 「あしたは大丈夫」と何回も自分に言ってから、寝てください。

B：その方法はまだやっていません。今晩はそうします。

1） B：あのう、今度スピーチ大会があるんです。

A：スピーチをするんですか。日本語を練習するいいチャンスですね。

B：実は人の前で話すのが嫌いなんです。恥ずかしくて、みんなの顔が見られません。

A：ああ、わたしも経験があります。あのね、大勢人がいても、「野菜が並んでいる」と思ってください。

B：えーっ、無理ですよ。

A：じゃ、鏡を見て練習をしてください。手の使い方も練習できますよ。

B：それはもっと恥ずかしいですね。自分の顔が見えますから。

A：じゃ、スピーチを始めるまえに、まず大きい声でみんなに「こんにちは」と言ってから、始めてください。きっと大丈夫ですよ。

B：大きい声で？ それも恥ずかしいけど……でも、頑張ります。

2） B：実は、将来のことで難しい問題があって、困っているんです。

A：どんな問題なんですか。

B：僕は経済学部の学生なんですが、実は、子どものときから、医者になりたいと思っていました。病気の人の役に立ちたいと思うんです。

A：うーん。じゃ、経済の勉強はやめるんですか。

B：はい。

A：両親に話しましたか。

B：ええ、両親は「経済学部を出て、会社員になったほうがいい。医学部はこれから6年かかるから、お金が足りない」と言うんです。

A：うーん。

B：でも、僕はほんとうに医者になりたいんです。何かいい方法はありませんか。

A：そうですね。奨学金がもらえたら、両親もいいと言うかもしれません。いろいろな奨学金がありますから、調べてください。

B：はい、すぐ調べて、両親に話そうと思います。

A：医学部に入れたら、アルバイトもして頑張らないとね。

B：はい、そのつもりです。

スクリプト　第39課…41

CD B-20

3. 世界の動物ニュースを聞いて、まとめてください。

例) 動物ニュースの時間です。きょうは「はな」という犬のお話です。山下達雄さんは先月、はなと散歩していたとき、交通事故でけがをして、入院しました。そのときから、はなはどこかへ行ってしまいました。山下さんは病院でずっと心配していましたが、きのう、やっと退院しました。そして、けさ、外に出て、びっくりしました。はながうちの前に座っていたんです。はなはずっと山下さんを捜していたんですね。

1) きょうはイルカと男の子のニュースです。木下卓也君は、心の病気で去年から学校へ行けませんでした。両親はとても心配して、ことしの夏、東京の南にある島へ連れて行きました。そこで卓也君は初めてイルカを見て、いっしょに泳ぎたいと言いました。3週間、卓也君は毎日イルカと遊んで、友達になりました。そして、元気になって、学校に戻りました。

2) こんにちは。毎日寒いですね。きょうは冬でも元気な動物を紹介します。冬になると、猿は雪で体が冷たくなります。それで、地獄谷の猿は温泉に入るんです。雪が降っていても、

温泉の中は温かくて、気持ちがいいです。初めは猿は温泉に入りませんでしたが、近所の人がよく温泉に入りに来ますから、見ていたんですね。

3) きょうのニュースはオーストラリアからです。ケビンさんのペットは「ビリー」というカンガルーです。今月11日、「ビリー」といっしょに山へ行ったとき、木が倒れて、ケビンさんは足にけがをしてしまいました。「ビリー」はけがで歩けないケビンさんを見て、うちへ帰って、家族に知らせました。ケビンさんは病院に運ばれて、大丈夫でした。すごいカンガルーですね。

CD B-21

4. リンさんがしたいことは何ですか。日本語ボランティアの川崎さんは何をしてあげますか。

例) A：あのう、川崎さん、来週の土曜日は夜、仕事があるので、日本語のクラスに来られないんです。ほかの日に変えていただけませんか。

B：じゃ、リンさん、水曜日のクラスに参加してください。

A：水曜日も仕事なんです。

B：じゃ、木曜日はどうですか。

A：木曜日だったら、都合がいいです。休みですから。

42…スクリプト　第39課

B：じゃ、木曜日の先生に連絡してお
　きます。

1）A：川崎さん、歯が痛いんですが、い
　　い歯医者を知っていたら、教えて
　　いただけませんか。

　B：あ、わたしのうちの近くに親切な
　　歯医者さんがいますよ。連れて
　　行ってあげましょうか。

　A：いえ、電話番号を教えてくださ
　　い。予約したいので。

　B：ちょっと待ってね。えーと……。

2）B：リンさん、みんなで海へ行ったと
　　きの写真を見ませんか。

　A：わあ、見せてください。あ、花火
　　をしたときですね。

　B：ええ、楽しかったですね。

　A：あのう、これ、わたしにメールで
　　送ってくださいませんか。両親
　　に送りたいので。

　B：いいですよ。

3）A：あのう、川崎さんが持っている本
　　はどこで売っていますか。

　B：あ、『聴解タスク50』ですね。

　A：聞く練習をしたいので、ぜひ買
　　いたいんですが、近所の本屋には
　　なかったんです。

　B：インターネットでも買えるし、
　　隣の町の大きな本屋にもあると
　　思いますよ。

　A：そうですか。できたら、一度本屋
　　で見てから、買いたいんですが。

B：じゃ、週末に行きましょうか。

A：すみません。よろしくお願いしま
　す。

第 40 課

CD B-22

1. ミラーさんは図書館で小山次郎君に会
いました。次郎君は宿題をしていま
すが、どの本を読んだらいいか、困っ
ています。どの本を選んであげました
か。

例）A：次郎君、どうしたの？

　B：きょうの宿題なんだけど、地球
　　について調べるんだ。でも、どの
　　本を見たらいいか、わからない
　　の。

　A：ふうん。地球の何について調べ
　　るの？

　B：地球がいつ生まれたか、どう
　　やって地球ができたか、調べて、
　　発表するんだ。

　A：そう。じゃあ、この本がいいと思
　　うよ。

1）A：きょうは何の宿題？

　B：紙についてだよ。紙はいつ、どこ
　　で発明されたか、それから、い
　　つ、どうやって日本へ来たか、調
　　べるんだけど……。

　A：じゃ、この本を読めば、わかると
　　思うよ。

スクリプト　第40課…43

2) A：何について調べているの？

B：お金。

A：へえ。どうしたら、金持ちになれるか、とか？

B：違うよ。日本ではどんなお金が使われていたか、いつ紙のお金ができたか、どんなデザインがあるか、とか。でも、この本を見ても、よくわからないんだ。

A：じゃ、たぶん、これがいいと思うよ。

3) B：今、世界にはいろいろな問題があるけど、これから水と食べ物が大きな問題になると先生が言って[い]たよ。

A：うん、人がどんどん増えているからね。今でも、水や食べ物が足りなくて、困っている国があるよ。

B：それでね、世界の水について、どんな問題があるか、どうして問題になったか、調べて発表するんだ。

A：ふうん。じゃあ、これはどう？

CD B-23

2. 留学生が日本の学生について調べます。留学生の意見を聞いて、アンケートの質問を作ってください。

例) A：皆さん、日本人の学生に聞く質問を作りましょう。まず、どんな質問をしたらいいですか。

B：初めに、どうして今の大学を選んだか、聞きましょう。

C：それから、大学に入ってから、やめたいと思ったことがあるかどうか、それはどうしてか、聞きたいです。

1) A：生活についてはどうですか。

B：はい。大学に入ってから、両親と別々に住んでいるかどうか、聞きたいです。

C：それから、お金はどうしているか、知りたいです。まず、1か月にいくらぐらいお金が必要か、聞きましょう。それから、両親にもらっているかどうか、聞かないと……。

B：いくらぐらいもらうかも聞いてみてください。

C：そうですね。それから、アルバイトについても聞いたほうがいいと思います。

B：ええ、アルバイトをしているかどうか、それから、どんなアルバイトをしているか、知りたいです。

2) A：勉強や趣味についてはどうですか。

B：まず、勉強する時間について聞いたほうがいいと思います。

C：本を読んでいる学生をあまり見ません。本を読むのが好きかどうか、聞いたらいいと思います。1

44…スクリプト　第40課

か月に何冊ぐらい本を読むか、どんな本をよく読むかも質問に入れてください。

3) A：ほかに何かありますか。

B：僕は彼女や彼がいる人は何パーセントぐらいか、知りたいです。

C：わたしの国では結婚しない人が多くなっているから、将来結婚したいかどうか、聞きたいです。それから、子どもが欲しいかどうかも知りたいです。

A：はい、わかりました。じゃ、これから質問を作って、まとめましょう。

CD B-24

3. お祭りに行きました。どの店で何をしますか。

例) さあ、皆さん、このジュース、一度飲んでみてください。7つの果物で作ったんですよ。体にいいですよ。さあさあ、健康がいちばん。

1) 皆さん、こんなに大きなケーキを見たこと、ありますか。味も世界でいちばんだよ。甘くて、ほんとうにおいしいよ。さあさあ、食べてみて……。

2) 皆さん、いらっしゃい。ちょっとこの着物、着てみてください。昔の人になれますよ。もちろん、ほかの着物も服も何でもありますよ。さあ、好きなものになってみてください。お

もしろい写真が撮れますよ。

3) いらっしゃい。いらっしゃい。世界でいちばん頭がいい猫だよ。聞いて、びっくり、見て、びっくり。何でもできる猫だよ。今見なかったら、チャンスはもうないよ。皆さん、一度は見てみてください。

4) さあ、やってみて。おもしろいよ。このボールを投げて、ここに入ったら、果物がもらえるよ。さあ、やってみて。

CD B-25

4. キムさんはジャンさんにどちらのアドバイスをしますか。

例) A：キムさん、あした、あおい美術館へ行こうと思っているんだ。

B：ジャンさん、あしたは月曜日でしょう？

♪a. 開いているかどうか、電話してみたほうがいいよ。

b. 開いているかどうか、行ってみたほうがいいよ。

1) A：日曜日はカリナさんの誕生日パーティーだね。

B：プレゼントを買わないと。

A：うん。カリナさんは音楽が好きだから、ジャズのCDをあげようか。

B：ジャズ？

♪a. 知っているかどうか、聞い

スクリプト　第40課…45

てみたほうがいいよ。

　　　b．好きかどうか、聞いてみた
　　　　ほうがいいよ。

2）B：ジャンさん、それ、何？

　　A：夏休みのセミナーの申し込みの書
　　　類だよ。自分で書いたんだ。

　　B：日本人の友達に見てもらった？

　　A：ううん。

♪B：a．参加できるかどうか、予定
　　　　を確かめてみたほうがいい
　　　　よ。

　　　b．まちがいがないかどうか、
　　　　見てもらったほうがいいよ。

3）A：あっ、このテレビ、安い。新し
　　　いのは大きくて、色がきれいだ
　　　な。買いたいな。

　　B：ジャンさん、テレビ、ないの？

　　A：古いのがあるけど。

　　B：壊れたの？

　　A：ううん。毎日見て［い］るよ。

　　B：じゃ、

♪　　a．必要かどうか、考えてみ
　　　　たほうがいいよ。

　　　b．壊れているかどうか、調べ
　　　　てみたほうがいいよ。

第 41 課

CD B-26

1．小川よねさんはだれに何をもらいましたか。何をあげますか。

例）A：おもしろいデザインのバッグです
　　　ね。

　　B：ええ。おもしろいでしょう？　首
　　　相からお祝いにいただいたんで
　　　す。

　　A：へえ。何のお祝いですか。

　　B：ふふ。恥ずかしいですけど、80
　　　歳以上のダンス大会で1番に
　　　なったんですよ。

　　A：へえ。すごいですね。

1）A：きれいな絵はがきですね。

　　B：ええ。フランス語の先生がくだ
　　　さったんです。今、先生、パリの
　　　大学に留学しているんです。

　　A：そうですか。

2）A：すてきな指輪ですね。

　　B：これですか。18歳の誕生日に祖
　　　母がくれたんです。祖母が祖父に
　　　結婚を申し込まれたときに、も
　　　らった物なんです。

　　A：へえ。大切な物なんですね。

3）A：わあ、細かいお金を袋に入れて、
　　　どうするんですか。

　　B：お年玉ですよ。お正月になると、
　　　孫にやらなければならないんで
　　　す。

A：全部で何人ですか。

B：20人いるんですよ。

A：20人？　それは大変ですね。

B：わたしも子どものとき、もらいましたから。

CD B-27

2. 先生と松本部長は何をしましたか。したことに○を付けてください。

1）先生、わたしたちはいい思い出をたくさん持って、きょうこの学校を卒業します。先生はわたしたちみんなの誕生日に、ピアノを弾いてくださいました。サッカーの試合で負けても、「次の試合で頑張れ」と言ってくださいました。わたしたちが勉強したくないと言ったとき、いろいろなゲームをして楽しい授業をしてくださいました。でも、きょう、さようならを言わなければなりません。とても寂しくて、悲しいです。中学校へ行ったら、いい友達をたくさん作って、頑張って勉強やスポーツをしたいと思います。先生、ほんとうにありがとうございました。

3月20日、山田太郎

2）松本部長、きょうで30年の会社生活が終わって、あしたからは新しい生活が始まるんですね。おめでとうございます。わたしは部長にたくさんのことを教えていただきました。残

業したとき、「腹が減ってはいくさができぬ。まず食べよう」と言って、牛どんを食べに連れて行ってくださいました。『腹が減ってはいくさができぬ』は『おなかがすいたら、いい仕事ができない』という意味だと教えてくださいました。病気で会社を休んだときも、お見舞いに来てくださいました。社員旅行で何か歌えと言われて、困っていたとき、部長がいっしょに歌ってくださいました。松本部長、ありがとうございました。ほんとうにお疲れさまでした。

CD B-28

3. 佐野さんは最近とても大変だと言っています。どうしてですか。

例）A：佐野さん、こんにちは。きょうは火曜日だから、ゴルフの練習ですね。

B：ええ。でも、行けないんですよ。息子夫婦が旅行に行ってしまったので、孫を預かっているんです。

A：そうですか。大変ですね。でも、かわいいでしょう？

B：ええ、かわいいんですが……。毎日、どこかへ連れて行ってやらなければならないんです。動物園とか、おもちゃ屋とか、……。

A：それは大変ですね。

1）A：佐野さん、きょうは中国語教室

スクリプト　第41課…47

の日ですね。

B：ええ。でも、きょうは休みます。予習もしていないし、眠いし……。

A：どうして眠いんですか。

B：毎晩、孫に本を読んでやるんですけど、「もっともっと」と言って、なかなか寝ないんですよ。

A：それは大変ですね。中国語の歌でも歌ってあげたら？ すぐ寝てしまいますよ。

2）A：佐野さん、疲れているんですか。

B：ええ。実は、孫といっしょに犬も預かっているんですよ。

A：ええ？ それは大変ですね。

B：ええ。えさもやらなければならないし、朝と晩散歩に連れて行ってやらなければならないし、ほんとうに大変ですよ。

3）A：あれ、佐野さん、どうしたんですか。調子が悪いんですか。

B：実は、きのう、孫が馬に乗りたいと言うので、わたしが馬になって遊んでやったんですよ。

A：馬に？

B：ええ。背中に乗せて、歩いたり、走ったりしてやったんです。

A：背中に乗せて？ 佐野さん、無理をしたら、だめですよ。

B：そうですね。きょうは体中が痛くて、痛くて……。

CD B-29

4. サントスさんはデパートでいろいろ頼みました。デパートの人は何をしますか。

例） A：すみません。このシャツ、きのうこちらで買ったんですけど、少し小さいんです。もう少し大きいのに換えてくださいませんか。

B：はい。でも、同じ色の物がないんですが、違う色でもいいですか。

A：いいです。お願いします。

1）A：すみません。動物の本を探しているんですが、どこにありますか。

B：この奥の棚にあります。

A：奥の棚ですね。あのう、すみません。わたしは漢字があまり読めないので、いっしょに探してくださいませんか。

B：はい、かしこまりました。

2）A：すみません。ちょっと荷物が多くなって、重いので、まとめて家へ送ってくださいませんか。

B：かしこまりました。荷物は本とシャツとワインでございますね。こちらにお名前と住所と電話番号をお願いします。

A：はい。

3）A：すみません。さっき注文したてんぷら定食、まだですか。

B：はい、少々お待ちください。

A：すみません。約束があるので、

48…スクリプト　第41課

ちょっと急いでくださいませんか。

B：はい。すぐ持って来ます。

第 42 課

CD B-30

1. いろいろな人に話を聞いて、留学生のためのニュースサイトに載せます。見出しを選んでください。

例）A：大谷さん、金メダル、おめでとうございます。

B：ありがとうございます。金メダルを取るために、10年マラソンを続けました。

A：大変でしたね。これから、どんなことをしたいですか。

B：練習です。次のオリンピックでも勝つために、あしたから練習を始めたいです。

A：そうですか。これからも頑張ってください。

1）A：石井さんは音楽家ですね。どうして沖縄に引っ越ししたんですか。

B：沖縄にはすばらしい音楽があります。それで、沖縄の音楽をもっと研究するために、引っ越ししました。

A：東京にはもう戻らないんですか。仕事は東京のほうがたくさんあるでしょう？

B：いいえ、ずっと沖縄で生活するつ

もりです。新しい曲ができたら、インターネットで発表しますよ。

A：そうですか。早く石井さんの新しい曲を聞きたいです。

2）A：豊田さんは大きな自動車会社の社長ですね。どうしていろいろな国に学校を建てたんですか。

B：アジアやアフリカには、まだ勉強したくても、できない子どもが大勢います。それで、子どもたちのために、学校を建てました。

A：そうですか。でも、お金がかかったでしょう？

B：ええ。でも、子どもたちが学校へ行けてうれしいと言ってくれますから。これからも、世界の平和のために、自分ができることをしたいと思っています。

3）A：原さんは最近小説を書いたんですね。

B：はい、小説家になるのが子どものときからの夢だったんです。

A：シリアの音楽家と日本の女の人のお話ですね。

B：ええ、絶対に戦争をしてはいけないと伝えるために、書いたんです。

A：でも、原さんは俳優でしょう？もうやめたんですか。

B：いいえ、俳優の仕事も続けるつもりです。

スクリプト　第42課…49

A：そうですか。どちらも頑張ってください。

CD B-31

2. 店でお客さんはどちらを選びましたか。

例）A：いらっしゃいませ。

B：その傘、とてもきれいな色ですね。

A：ええ、これ、とても人気があるんですよ。

B：ちょっと見せてください。あ、細いけど、重いですね。持って歩くのに不便かもしれませんね。

A：じゃ、こちらはいかがですか。折りたたむと、こんなに小さくなります。軽いですよ。

B：あ、いいですね。じゃ、これをください。

1）B：あのう、仕事で使うかばんを探しているんですが。

A：これはいかがですか。たくさんポケットがあって、ケータイや飲み物などいろいろな物を入れるのに便利ですよ。

B：いつも本や資料をたくさん持って行くので、中が広いのがいいんですけど。

A：そうですか。じゃ、この黒いのはどうですか。大きいけど、軽くて、丈夫なので、重い物を入れても、大丈夫ですよ。

B：ああ、サイズも本を入れるのにちょうどいいですね。じゃ、これをください。

2）B：あのう、パーティーに着て行く服が欲しいんですが。

A：どんなパーティーですか。

B：来月、友達の結婚式があるんです。

A：じゃ、これはいかがですか。デザインがとてもすてきですよ。

B：ええ、そうですね。長いし、色も明るいし、結婚式に着るのにはいいけど、……でも、ほかの機会にはちょっと……。

A：じゃ、こちらはどうですか。そんなに長くないから、コンサートや食事に行くのにも着られますよ。

B：ああ、きれいですね。ちょっと着てみてもいいですか。

A：ええ、どうぞ。

3）B：ああ、この自転車、いいですね。

A：ええ。とても丈夫ですよ。山道や海岸でも走れますよ。

B：うーん、実は、会社に通うのに使う自転車を探しているんです。健康のために、自転車で行こうと思って。

A：じゃ、これがいいですよ。長い時間乗っても疲れませんよ。

B：でも、ちょっと値段が……。

A：じゃ、こちらはいかがですか。こ

50…スクリプト　第42課

のボタンを押すと、折りたためるので、運ぶのに便利ですよ。

B：へえ、おもしろいですね。でも、毎日使うから、あっちのほうがいいかもしれませんね。あちらをください。

CD B-32

3. ニュースを聞いて、男の人と女の人が話しています。AのカップルとBのカップルは何にお金を使いますか。全部でいくらかかりますか。

きょうのニュースは結婚についてです。ある会社が結婚にいくらかかるか、調べました。まず、結婚式や旅行に平均420万円かかります。それに、家具や電気製品などにもお金が必要ですから、全部でだいたい500万円になります。こんなにお金がかかると、若い人はなかなか結婚できません。何かいい方法はないのでしょうか。

Aのカップル

A：困ったなあ。きょうニュースで聞いたんだけど、結婚には500万円ぐらいかかるんだよ。そんなにお金はないよ。結婚式はやめよう。

B：えーっ、絶対だめよ。わたし、ウェディングドレスを着るのが夢なの。結婚式はするわ。

A：うーん、でも、式とパーティーを

するのに360万円はかかるんだよ。

B：大丈夫よ。わたしの両親が全部払ってくれるから。結婚式は有名なホテルでやって、旅行はヨーロッパよ。

A：じゃ、旅行には100万円。それに、マンションを借りるのに200万円だな。

B：車も新しいのが欲しいわ。300万円ね。それに、家具と電気製品を買うのに200万円。

A：結婚、やめようかな。

Bのカップル

B：あのね。結婚するのにいくらぐらいかかると思う？

A：200万円ぐらい？

B：500万円以上よ。

A：えっ、500万円もかかるの？

B：ええ、そうよ。

A：じゃ、できるだけお金がかからない方法を考えよう。

B：そうね。まず、結婚式はやめて、市役所に書類を出せばいいわ。

A：うん、そうしよう。パーティーは家族と友達だけでやれば、50万円ぐらいでできるよ。

B：そうね。旅行はお金ができてから、行きましょう。

A：それは悲しいよ。北海道か沖縄に行こうよ。2人で20万円あれば、

スクリプト　第42課…51

行けるよ。住む所は僕が君のマンションへ行ったら、お金がかからないね。車は僕のを持って行くよ。

B：わたしは新しい冷蔵庫と洗濯機が欲しいの。2つ買うのに30万円ぐらいね。

A：うん。これからの生活が大切だからね。

第 43 課

CD C-1

1. キャンプに行きます。男の人は何と言いますか。

例）A：もう準備できた？

B：うん。すぐ出かけられるよ。

A：ちょっと、荷物が落ちそうよ。

B：君がたくさん載せるから。

A：必要な物だけよ。

♪B：a．じゃ、きちんと載せて。

b．じゃ、すぐ捨てて。

c．じゃ、荷物を開けて。

1）B：この町を出ると、きれいな山道だよ。

A：あっ、ガソリンがなくなりそうだわ。

♪B：a．じゃ、ちょっと車を止めよう。

b．じゃ、修理しよう。

c．じゃ、あそこで入れよう。

2）A：うわあ、いい所ね。

B：うん。さあ、食事の準備をしよう。テーブルといすを組み立てて……さあ、できたよ。

A：あら、このいす、壊れそうよ。

♪B：a．そう？　じゃ、君が座って。

b．そう？　じゃ、ちょっと見てみるね。

c．そう？　じゃ、あそこに捨てよう。

3）A：ちょっと風が強いね。

B：うわあ、すごい風だ。

A：あっ、この木、折れそうよ。

♪B：a．危ない。逃げろ。

b．危ない。木に登れ。

c．危ない。木を切れ。

CD C-2

2. テレビのインタビュー番組です。話を聞いて、正しいものを選んでください。

例）A：きょうのお客様はトンダ自動車社長の豊田進さんです。トンダ自動車の新しい車「ソーラ」はとても人気がありますね。

B：ええ、これは太陽エネルギーで動く車で、空気を汚さないんです。

A：曇りの日や夜はどうなんですか。

B：心配しないでください。この車は曇りや雨の日でも、太陽エネルギーを集めることができるし、1

52…スクリプト　第43課

日の太陽エネルギーで1週間動
くんです。

A：それはいいですね。

B：ええ。この車は2か月でもう
　　1万台売れました。これから、
　　もっと売れそうです。

1）A：ところで、「ソーラ」が売られて
　　いるのは日本だけですか。

B：いいえ、今月から輸出していま
　　す。

A：海外の意見はどうですか。

B：車の値段はちょっと高いですが、
　　ガソリンが要らないし、電気を買
　　わなくてもいいし、空気を汚さな
　　いので、すばらしいと言う人が多
　　いですね。特に南の国へ輸出が
　　増えそうです。

2）A：値段ですが、海外ではまだかなり
　　高いですね。

B：ええ。運ぶのにお金がかかります
　　からね。それで、海外に新しい
　　工場を作ろうと思っています。
　　工場ができれば、もう少し値段
　　が安くなりそうです。

A：そうなると、南の国ではほんと
　　うに役に立ちそうですね。

B：ええ、そうですね。

3）A：北の国では冬はちょっと問題があ
　　りそうですね。

B：ええ、昼が短いですからね。そ
　　れで、実は風のエネルギーで動く

車を作っているんです。

A：風！

B：風で電気が作れますね。その技
　　術を使うんです。

A：いつごろできそうですか。

B：2、3年後にはできるでしょう。
　　それから、海の水を使う車を作
　　ろうと思っています。

A：へえ、すごいですね。

B：いろいろ新しい車を考えている
　　んですよ。地球を守るために、
　　トンダの技術がきっと役に立つ
　　と思います。

A：豊田さんはまだたくさんアイディ
　　アがありそうですね。きょうはお
　　もしろいお話、どうもありがと
　　うございました。

CD C-3

3. カリナさんとミゲルさんはどの人につ
いて話していますか。

例）A：ミゲルさん、きのう、ミラーさん
　　の誕生日パーティーに来なかっ
　　たね。

B：うん、ちょっと用事があって。確
　　か、ミラーさんの家族が今日本へ
　　来ているんだね。会った？

A：うん、お母さんはちょっと太って
　　いて、元気で、とても優しそう
　　だった。

B：お父さんは？

スクリプト　第43課…53

A：お父さんは背が高くて、やせていて、そうね、静かで、まじめそうだった。

B：へえ。

1）B：お姉さんは？　きれいな人？

A：うん、髪が短くて、きれいで、頭がよさそうだけど、初めはちょっと冷たそうだと思ったわ。

B：へえ。

A：うん。でも、話してみると、ユーモアがあって、楽しい人。絵が趣味でね、あした、いっしょに美術館へ行く約束をしたの。

B：ふうん、よかったね。

2）A：でも、帰るときにね……。

B：どうしたの？

A：暗い道で変な男の人が……。

B：えっ？

A：わたしのかばんに触ったから、「泥棒！」と叫んだの。

B：へえ。大丈夫だった？

A：その人、びっくりして、どこかへ逃げたよ。

B：怖くなかった？

A：全然。小さくて、弱そうだし、元気がなさそうだったから。

B：何もなくて、よかったね。

3）B：ところで、新しい日本語の先生にもう会った？

A：ううん。来週から授業が始まるね。どんな人？

B：研究室で会ったけど、声が大きくて、にぎやかで、おしゃべりが好きそうだったよ。

A：ふーん。でも、授業がおもしろいかどうか、わからないね。

CD C-4

4. きょうは会議があります。ミラーさんが行く場所とすることを選んでください。

例）A：ミラーさん、そろそろ会議の準備に行きましょうか。

B：はい。

A：あれ、かぎが掛かっていますね。

B：そうですか。事務所へ行って、かぎを取って来ます。

1）A：会議の資料はこれですね。あ、いちばん新しいデータが付いていませんね。

B：あ、そうですか。すみません。わたしの机の上にありますから、すぐコピーして来ます。

A：じゃ、わたしは食堂の人に飲み物を頼んでおきます。

B：もう頼みましたよ。

A：あ、そうですか。

2）A：ミラーさん、そろそろパワー電気の森さんとマフーのパクさんが着く時間ですから、玄関まで迎えに行って来てください。

B：はい、わかりました。

54…スクリプト　第43課

A：わたしは部長に連絡します。

3) B：終わりましたね。

A：ええ、大きな問題もなかったし、……。

B：よかったですね。……あ、この眼鏡は？

A：部長の忘れ物ですね。じゃ、ミラーさん、それは部長に届けて来てください。わたしは資料を片づけて、事務所に戻りますから。

B：はい、わかりました。

第 44 課

CD C-5

1. 林さんは今どうですか。どうしますか。

例) A：どうしたの？　林さん。

B：また食べすぎてしまったの。1キロも増えてしまった。

A：1キロなら、大丈夫よ。

B：毎日アイスクリームを食べていたからよ。きっと。

A：食べたい物を食べなかったら、ストレスで病気になるよ。

B：そうね。でも、アイスクリームはあしたから食べないようにするわ。

1) A：どうしたの？

B：あーあ。また買いすぎてしまった。今月は何も買わないつもり

だったんだけど。

A：何を買ったの？

B：要らない物。100円ショップへ行ったら、安いから、あれもこれも欲しくなるの。

A：じゃ、行かなければいいのよ。

B：うん。あしたからそうする。

2) A：どうしたの？

B：あーあ。またテレビを見すぎてしまったの。

A：見たければ、見たほうがいいと思うよ。

B：テレビを見ると、わたしは目が疲れるの。2時間以上は見ないようにしているんだけど、きのうはおもしろい映画があって、……。

A：じゃ、きょうは見ないで、早く寝たら？

B：うん、そうする。

3) A：どうしたの？　前の髪、短くなったね。

B：切りすぎてしまったの。

A：え？　自分でやったの？

B：うん。少しずつ切ったんだけど……。

A：自分で切らないで、美容院へ行ったほうがいいよ。

B：うん。今度からそうするつもり。

スクリプト　第 44 課…55

2. テレビ番組について、どうしたらいいと言っていますか。

A：皆さん、こんばんは。きょうは今のテレビ番組についてどうしたらいいか、皆さんの意見を聞きたいと思います。よろしくお願いします。

B：はい。まず、コマーシャルが多すぎると思います。それに、時々長すぎます。番組の途中でコマーシャルが入ると、つまらなくなります。特に、ドラマや映画などで。見ている人の気持ちを全然考えていませんね。

C：でも、時々おもしろいコマーシャルがありますよ。それに、コマーシャルの情報は新しくて、役に立ちます。番組の邪魔にならなければ、あってもいいと思います。

B：そう……ですね。もうちょっと少なければ、……時間ももう少し短ければ、いいかもしれませんね。

〜〜〜〜〜〜〜

D：珍しい料理や有名なレストランを紹介する番組も多すぎますね。いつ見ても、だれかが何かを食べていますね。

C：そうですね。それに、食べた人はみんな「おいしい！」と言います

が、ほんとうでしょうか。

D：料理の作り方を教える番組はいいですけど、……最近少なくなりましたね。

〜〜〜〜〜〜〜

D：最近、かたかなのことばが多すぎると思いませんか。ラジオやテレビの人が使いすぎるんですよ。かたかなのことばは使うのをやめてもらいたいです。

B：全部ですか。カメラとかトイレとかも？

D：いいえ。意味がよくわからない新しいことばを使うのをやめてもらいたいという意味です。

B：確かにそうですね。

…………

C：ところで、最近の子ども番組はいいですね。大人が見ても、おもしろいです。

B：そうですね。これからもいいものをたくさん作ってもらいたいですね。

D：子ども番組はいいんですが、大人の番組はちょっと……ね。

C：ええ。特に、バラエティー番組はつまらなすぎますよ。見ていて、恥ずかしくなります。子どもには見せられませんよ。

A：そうですか。きょうはたくさんの意見をありがとうございました。

CD C-7

3. いろいろな趣味の人に聞きました。どの人ですか。どんな意見ですか。

例) A：高井さんの趣味はダンスですね。踊りやすい曲と踊りにくい曲がありますか。

B：わたしは日本人ですから、1、2、3、4、1、2、3、4、の4拍子の曲が踊りやすいですね。1、2、3、1、2、3の3拍子は難しいです。

1) A：石井さんの趣味はカラオケですね。
速い曲と遅い曲とどちらが歌いやすいですか。

B：そうですね。速い曲ですね。遅い曲は歌が上手かどうか、すぐわかってしまいますから、歌いたくないですね。

2) A：大谷さんは世界中のマラソンに参加していますね。どんなコースが走りやすいですか。

B：うーん。景色がいいコースですね。海や山を見ながら走るのは気持ちがいいですよ。

A：町の中のコースはどうですか。

B：走りにくいですね。空気が悪くて、すぐ疲れるんです。

3) A：武田さんの趣味は馬に乗ることですね。乗りやすい馬はどんな馬ですか。

B：そうですね。気持ちが優しい馬がいいですね。元気すぎる馬は乗りにくいです。

CD C-8

4. 天気予報を聞いて、どうしますか。

例) 2月2日　土曜日

けさはよく晴れていますね。でも、午後からは雪が降るでしょう。雪の道は滑りやすいので、車を運転するときや歩くとき、気をつけてください。

1) 4月4日　金曜日

春です。毎日少しずつ暖かくなっていますね。きょうは1日いいお天気ですが、午後から強い風が吹きます。風が強い日は目にごみが入りやすいです。うちへ帰ったら、必ず目を洗うようにしましょう。

2) 7月7日　月曜日

きょうもまた雨で、暑くなりそうです。この季節は食べ物が腐りやすいですから、必ず冷蔵庫に入れるようにしましょう。

3) 11月11日　水曜日

紅葉がきれいな季節です。もう紅葉を見に行きましたか。きょうは朝は晴れますが、午後から曇るでしょう。夕方からは雨が降るかもしれません。秋の天気は変わりやすいですから、出かけるときは、傘を持って行ったほうがいいでしょう。

スクリプト　第44課…57

CD C-9

5. 俳優の原恵子さんはメイクアップアーチストに頼みました。どの顔になりましたか。

A：次のドラマで悪いおばあさんになるんですが。

B：そうですか。どんな顔にしましょうか。

A：鼻が高くて、目が細くて、口が大きくて……。それから、髪は赤くしてください。

B：高い鼻、細い目、大きい口、赤い髪ですね。

…………

これでいいですか。

A：うーん。鼻をもっと高く、そして、長くしてください。

B：はい。

A：うーん。赤い髪はよくないですね。すみません。白くしてください。

それから、口の形は「へ」の字にしてください。

B：「へ」の字？

A：ひらがなの「へ」の字です。

B：わかりました。

…………

これでいいですか。

A：はい、ありがとう。

CD C-10

6. 小山さんの家族は週末に何をしますか。

A：週末はどうする？　ディズニーランドにする？

B：ディズニーランドは遠いよ。もっと近い所にしよう。

C：僕、動物園へ行きたい。

B：じゃ、動物園にしよう。

A：動物園。いいわね。車で行く？電車で行く？

B：週末は道が込むから、電車にしよう。

A：昼ごはんは？　レストランで食べる？　お弁当を作って、持って行く？

B：お弁当にしよう。

C：わーい。

A：カメラは持って行く？

B：ううん。ケータイで写真も撮れるし、ビデオも撮れるから。

A：そうね。

第 45 課

CD C-11

1. 留学生寮で管理人が話しています。次の場合は、どうしたらいいか、メモをしてください。

例） 皆さん、最近、この辺も安全じゃありません。3日まえに、近所のうちに

58…スクリプト　第45課

泥棒が入りました。皆さんも出かけるときは、ドアと窓にきちんとかぎを掛けてください。泥棒が入った場合は、部屋をそのままにしておいて、すぐ110番に連絡してください。

1) 皆さん、先週エドさんが交通事故にあったのを知っていますね。けががなくてよかったですが、自転車が壊れてしまいました。皆さんも交通事故にあわないように、よく注意してくださいね。特に雨が降っているときは、傘をさして自転車に乗らないでください。とても危険です。それから、もし交通事故にあった場合は、必ず警察に連絡してください。ひどいけがをした場合は、救急車を呼んでもらってください。

2) 皆さん、あした大きい台風が来るかもしれません。台風はどちらへ行くか、わかりませんから、テレビやインターネットで天気予報をよく見ておいてください。台風が来た場合は、絶対に出かけないでください。また、雨と風がとても強いですから、暑くても、部屋の窓を閉めておいてください。それから、自転車は寮の入口に置かないで、中の方に入れておいてください。風で倒れるかもしれませんから。

3) 皆さん、冬は火事が多い季節です。火を使うとき、よく注意してください。

寮が火事になった場合は、すぐ非常口から逃げてください。それから、119番に電話をしてください。「火事です」と言って、寮の住所と電話番号、それに、あなたの名前を言ってください。やけどをした場合は、そのことも伝えてください。

CD C-12

2. クララさんはお医者さんと話します。次の場合は、どうしたらいいですか。

例) A：先生、のどが痛いし、少し熱もあるんですが。

B：ちょっと口の中を見せてください。ああ、かぜですね。心配しなくてもいいですよ。ゆっくり寝たら、治りますよ。

A：あの、おふろに入りたいんですが……。

B：そうですね。おふろは入らないほうがいいですが、熱がそんなに高くない場合は、シャワーを浴びても大丈夫ですよ。

A：はい、シャワーだったら、いいんですね。

1) A：あのう、まだかぜが治らないんです。

B：ちょっと口を開けてください。あ、まえよりのどが赤くなっていますね。熱はまだありますか。

A：熱は下がりました。でも、夜、せ

スクリプト　第45課…59

きが出るんです。

B：そうですか。じゃ、せきがひどい場合は、この薬を飲んでください。

A：はい、ありがとうございました。

2）A：先生、かぜはよくなったんですが、胃が痛くて……。

B：あ、かぜの薬で悪くなったのかもしれませんね。

A：はあ、かぜの薬ですか。

B：2、3日様子を見ましょう。まだ痛い場合は、もう一度来てください。

3）A：もしもし、クララです。先生、わたしの胃の薬を子どもがまちがえて飲んでしまったんですが、大丈夫でしょうか。

B：胃の薬ですね。子どもが飲んだら、気分が悪くなるかもしれません。ハンス君の様子はどうですか。

A：ごはんもたくさん食べているし、元気ですが……。

B：そうですか。大丈夫だと思いますが、様子が変な場合は、すぐ病院へ連れて来てください。

A：わかりました。ありがとうございました。

CD C-13

3．ジャンさんはどんなことを経験しましたか。それについてどう思っていますか。

例）A：日本の電車は切符が高くて、びっくりしました。

B：ええ、ちょっと高いですね。

A：僕の国では電車はもっと安いですよ。それに、こんなにたくさんの人が利用しているのに、安くできないのはおかしいですよ。日本人は何も言わないんですか。

B：うーん、言っても安くなりませんから。

1）A：日本の駅はアナウンスが多いですね。いつも何か言っていますね。

B：そうですね。

A：「ドアが閉まります。駆け込み乗車はしないでください」とか、「ケータイを見ながら歩かないでください」とか、アナウンスしているでしょう？　だれでもわかることなのに、うるさいと思いませんか。

B：言われなければ、わからない人が多いんですよ。それに、駅は人が多いので、みんなが気をつけないと。

2）A：この間、電車に乗って、びっくりしました。乗っている人はみんな女の人だったんです。男は僕

60…スクリプト　第45課

一人でした。

B：ああ、女性専用車ですね。女の人が安心して電車に乗れるように、作られたんです。

A：それはいいですね。女の人たちはゆっくりケータイを見たり、本を読んだりしていました。でも、何も悪いことをしていないのに、女の人たちがみんな僕を見るんですよ。とても恥ずかしかったです。次の駅で、急いで降りました。

B：ははは。これからは、女性専用車には乗らないように気をつけたほうがいいですね。

3）A：きのう、電車に乗っていたんですが、おばあさんが立っているのに、だれも席を譲ってあげないんですよ。よくないと思います。

B：年を取った人や赤ちゃんがいる人のために、特別な席がありますから。

A：わたしの国では、そんな席がなくても、だれかがすぐ席を譲ってあげますよ。

B：そうですか。日本でもそうなればいいですね。

CD C-14

4. 次の人はどんな不満を言っていますか。どうなったらいいと思っていますか。

例）A：ねえ、聞いてくださいよ。アメリカに転勤するのは鈴木君になったんです。

B：えっ、山口さんじゃないんですか。

A：僕じゃないんですよ。会議で鈴木君が選ばれたんです。僕も一生懸命英語を勉強したのに……。鈴木君には負けたくなかったよ。

B：がっかりしないで。また、チャンスがありますよ。

1）A：ねえ、聞いて。わたしの会社では女の人の給料は男の人よりずっと少ないのよ。同じ仕事をしているのに……。

B：え、僕の会社では女の人も男の人と同じだよ。

A：いいわね。わたしの会社でも同じにしてもらいたいわ。

2）A：ねえ、レストランのアルバイト、1時間いくらぐらい？

B：980円。ちょっと安いね。

A：わたしもスーパーでアルバイトしているんだけど、1,020円よ。

B：だいたい同じね。あのね、この間残業したのに、お金、払ってくれなかったのよ。

スクリプト　第45課…61

A：ひどいね。

3）A：小林先生、また休みだよ。朝早く来たのに。

B：えっ、きょう授業ないの？

A：うん。事務所からメールが来て[い]るよ。

B：今月はもう2回も休みだよ。この大学の先生、よく休むし、授業はおもしろくないし……。

A：ちゃんと授業をしてもらいたいね。

B：ほんと、ほんと。

第 46 課

CD C-15

1. 先生がビデオを見せながら話しています。先生がビデオを止めて、説明したのはどの場面ですか。

例）皆さん、今から鳥のビデオを見ます。これは日本の南の島に住んでいる珍しい鳥で、「アホウドリ」という名前です。巣の中に卵が1つ見えるでしょう？　この鳥は1回に1つしか卵を産みません。今、卵から赤ちゃんが生まれるところです。ほら、ちょっと頭が見えますね。さあ、これからどうなるでしょうか。

1）あ、生まれました。両親は白いですが、子どもは黒いですね。さあ、今から立ちますよ。大丈夫でしょうか。

一生懸命頑張っています。頑張れ！あっ、立ちました。ほら、立ったところです。

2）この鳥はとてもたくさん食べます。ですから、両親は大変です。ほら、子どもが大きい口を開けて、えさを待っています。あ、お母さんが来ました。お母さんが子どもの口にえさを入れるところですよ。お母さんは忙しいですね。

3）4か月過ぎると、両親はどこかへ行ってしまいますから、この鳥は一人で生活します。体が大きくて、重いので、飛ぶために、風に乗る練習をしなければなりません。さあ、今から練習をします。ほら、一生懸命走っています。……飛べるでしょうか。さあ、行きます。もうすぐ海。大丈夫かな。あー、飛びました。ほら、風に乗って飛んでいるところですよ。気持ちがよさそうですね。

CD C-16

2. 電話で話しています。男の人は何と言いますか。

例）A：もしもし、あい子さん？

B：今、車を運転しているところです。電話に出ることができません。メッセージのある方はどうぞ。

♪A：a．田中です。すみませんが、

62…スクリプト　第46課

20分ぐらい遅れます。

　　b．田中です。今、ちょっといいですか。

　　c．あい子さん？　あい子さん、聞こえる？

1）A：ミラーですが、佐藤さん、お願いします。

　　B：申し訳ありません。今、ちょうど会議が始まったところなんですが……。

　♪A：a．そうですか。じゃ、佐藤さんは休みですね。

　　　　b．そうですか。じゃ、あとで、電話をくださいと伝えてください。

　　　　c．そうですか。じゃ、佐藤さん、お願いします。

2）A：もしもし、太郎君、いますか。ハンスです。

　　B：あ、ハンス君。太郎は今、シャワーを浴びているところです。

　　A：そうですか。じゃ……。

　　B：あ、シャワー、終わりましたよ。

　♪A：a．じゃ、すみませんが、お願いします。

　　　　b．じゃ、そろそろ失礼します。

　　　　c．じゃ、またかけます。

3）A：もしもし、キムさん。リンですけど。

　　B：ああ、リンさん。何ですか。

A：あのう、レポートについてちょっと聞きたいんですけど。

B：リンさん、すみません。今、電車に乗るところなんです。9時のバスに間に合わないから、急がないと。

♪A：a．そうですか。大丈夫ですよ。

　　b．あのう、今から質問を言いますね。

　　c．わかりました。じゃ、またあとで。

CD C-17

3．エドさんは女の人と話します。どれが正しいですか。

例）A：エドさん、おいしいケーキがありますよ。どうですか。

　　B：すみません。さっきごはんを食べたばかりですから。

　　A：そうですか。

1）A：あ、それ、パワー電気のスマホですね。

　　B：ええ。

　　A：使いやすいですか。

　　B：実は、きのう買ったばかりなんです。使いやすいかどうか、ちょっとまだ……。

2）A：エドさん、お仕事はどうですか。

　　B：そうですね……今月はもう3回も出張しました。

スクリプト　第46課…63

A：えっ、先月会社に入ったばかりな
のに？

B：ええ、毎日大変です。

3）A：最近ひかるさんに会いましたか。

B：ええ。先週会ったばかりですよ。

A：彼女、元気でしたか。

B：ええ、……そうですね。

A：幸せそうだったでしょう？

B：いやあ、あまり……。離婚したい
と言っていました。

A：えっ、この間結婚したばかりな
のに……信じられませんね。

CD C-18

4. ミラーさんは会社の人の質問に答えます。どちらが正しいですか。

例）A：ミラーさん、パワー電気からも
らった資料はどこですか。さっ
きから捜しているんですけど、な
いんです。

B：きのう、会議のあとで、あの引き
出しに入れましたから、

♪a．引き出しの中にあるはずで
す。

b．どこにもないはずです。

1）A：ミラーさん、シュミットさんは来
週の会議に出席しますか。

B：きのう、電話で話したときに、来
週ベトナムへ出張すると言って
いましたから、

♪a．会議に出席するはずです。

b．会議には出席しないはず
です。

2）A：ミラーさん、会議の資料はもう
できましたか。

B：来週パワー電気と会議をすると
きに、使う資料ですか。

A：ええ。

B：先週チンさんに頼みましたから、

♪a．もうできているはずです。

b．まだできていないはずで
す。

3）A：ミラーさん、あした、グプタさん
といっしょにトンダ自動車へ行く
んですが、グプタさんは豊田さん
を知っていますか。

B：先月パーティーで話していました
から、

♪a．知っているはずです。

b．知らないはずです。

第 47 課

CD C-19

1. 男の人はどのはがきを見て話していますか。

例）A：リンさん、結婚したそうだよ。

B：え？ ほんとう？ よかったね。

A：うん。何かお祝いをしないと。

B：そうね。

1）A：佐野さん、よくなったそうだよ。

B：え？ もうけがは治ったの？ よ

64…スクリプト 第47課

かったね。

A：うん。またいっしょにゴルフができるね。

B：そうね。

2) A：鈴木さん、家を買ったそうだよ。

B：え？　ほんとう？　いいね。どこ？

A：住所は奈良県だよ。

B：へえ、奈良？　一度行ってみたいね。

CD C-20

2. ミラーさんはニュースやアナウンスを聞いて、会社の人に伝えました。正しく伝えているのはa、bのどちらですか。

例）昼のニュースです。午前11時ごろ新大阪駅前で大きい火事がありました。原因など詳しいことはまだわかっていません。亡くなった人はいませんが、10人ほどけがをして、病院に運ばれました。

♪a．大変です。新大阪駅前で火事があったそうですよ。死んだ人やけがをした人はいないそうですけど、……。

　b．大変です。新大阪駅前で火事があったそうですよ。死んだ人はいないけど、けがをした人が10人ぐらいいるそうです。

1) 天気予報です。台風25号は沖縄の南

200キロの所にあって、1時間に25キロの速さで北へ向かっています。今晩遅く沖縄の東を通って、あしたの昼ごろ九州に上陸するでしょう。

♪a．課長、天気予報によると、台風はあしたの昼ごろ九州へ来るそうです。

　b．課長、天気予報によると、台風は今晩遅く九州へ来るそうです。

2) お知らせします。5分ほどまえに、広島で地震がありました。地震の大きさはまだわかりませんが、ただ今新幹線は全部止まっています。安全が確認できれば、すぐ出発しますが、博多に到着する時間は少々遅れそうです。

♪a．もしもし、今、新幹線なんですけど、広島で地震があったそうです。今、ゆっくり走っているので、博多に着くのは少し遅れます。

　b．もしもし、今、新幹線なんですけど、広島で地震があったそうです。今、止まっているので、博多に着くのは少し遅れます。

スクリプト　第47課…65

CD C-21

3．友達に聞いたことをまとめてください。

例）A：テレビで見たんですけど、病院でまた事故があったそうですよ。

B：また？　今度はどんな事故ですか。

A：入院していた人が、退院してから、調子が悪いので、もう一度調べてもらったら、おなかの中からはさみが見つかったそうです。

B：え？　はさみ？

A：ええ。手術したときに、おなかの中に忘れていたそうですよ。

1）A：インターネットで見たんだけど、世界でいちばん長い橋が日本にあるそうだね。

B：え？　ほんとう？

A：木で造られた橋の中で、いちばんなんだけど。

B：ふーん、木の橋。

A：静岡県にある蓬莱橋という橋で、897メートルだそうだよ。

B：へえ、長いね。古いの？

A：うん。1879年に造られたそうだよ。

B：へえ。見てみたいな。

2）A：けさの新聞を読みましたか。

B：いいえ、何ですか。

A：男の人が東京タワーの上から1万円札を100枚投げたそうですよ。

B：へえ、下を歩いていた人はびっくりしたでしょうね。

A：ええ。人がたくさん集まったそうですよ。すぐパトカーが来て、警官が集めたけど、半分しかなかったそうです。

3）A：日本でどこの人がいちばんたくさんパンを食べるか、知っている？

B：うーん。パンね……。東京の人？

A：ううん。インターネットで見たんだけど、京都だそうだよ。

B：へえ！　京都？　京都の人はみんな日本料理を食べていると思っていたけど……。

A：いちばん少ないのは福島県で、京都の人の半分しか食べないそうだよ。それに、2位が兵庫県で、関西の県は全部10位までに入っているそうだよ。

B：ふーん。どうしてでしょうね。

CD C-22

4．古いアパートではいろいろな音が聞こえます。聞いた人は何の音だと思いましたか。ほんとうは何でしたか。

例）A：変な声がするね。

B：うん。だれか泣いているようだね。ちょっと見て来ようか。

…………

A：どうだった？

66…スクリプト　第47課

B：隣の奥さんだよ。歌の練習をして
　　いるんだ。

1） A：わ、すごい音。

B：何か大きい物が落ちたようだね。

A：上のうちよ。ちょっと見て来て。

…………

A：何だった？

B：上の奥さん、台所で滑ったそう
　　だよ。

2） B：前のうちの赤ちゃん、具合が悪い
　　ようだね。ちょっと聞いて来よ
　　う。

…………

A：どうだった？

B：赤ちゃんは元気だったよ。

A：じゃ、あの声は？

B：猫がデートしているんだよ。

3） A：外、ずいぶんにぎやかね。

B：うん。どうも子どもがけんかして
　　いるようだね。ちょっと注意し
　　て来るよ。

…………

A：どうだった？　けんかだった？

B：ううん。運動会の練習をしてい
　　たんだよ。

4） B：あ、だれか来たようだね。

A：こんな時間に？　ちょっと見て来
　　て。

…………

A：だれだった？

B：だれもいなかったよ。

A：きゃー、怖い！

B：風の音だよ。

第 48 課

CD C-23

**1. 小島さんの奥さんは家族にどんなこと
をさせていますか。そうしたら、家族
はどうなりますか。**

例） A：あなた、早く起きて。ジョギング
　　の時間よ。

B：うーん、きのう遅かったから、も
　　う少し寝ていたいよ。

A：また太るわよ。結婚したときは、
　　すてきだったんだけどなあ。

B：はい、はい。

1） A：たかし、おはよう。

B：お母さん、朝ごはん、まだ？

A：もうすぐできるわよ。ごはんのま
　　えに、庭で運動してね。運動する
　　と、背が高くなるのよ。

B：背が高くなる？　するよ。……1、
　　2、3、4。

2） B：ただいま。

A：お帰りなさい、やすし。お菓子が
　　あるわよ。

B：いただきます。

A：食べたら、プールへ行ってね。

B：きょうは行きたくない。

A：ことしの夏休みは海へ行くのよ。
　　上手に泳げたら、楽しいでしょ？

スクリプト　第48課…**67**

B：わかったよ。じゃ、行くよ。

3）A：あら、きよし、まだテレビを見ているの？　もう2時間も見ているよ。

B：おもしろいんだよ。お母さん、いっしょに見ようよ。

A：もう、だめ。さあ、本を読む時間よ。本を読むと、頭がよくなるのよ。

B：わかったよ。じゃ、お母さんもいっしょに読もうよ。

A：いいわよ。片づけが終わったら、すぐ行くからね。どこまで読めたか、教えてね。

B：うん。

4）B：ごちそうさま。

A：はる子、野菜が残っているよ。全部食べて。

B：野菜は嫌い。おいしくない。

A：あら、はる子、野菜を食べなかったら、きれいになれないのよ。隣のみどりちゃん、かわいいでしょう？　毎日野菜を食べているそうよ。

B：ふーん。じゃ、食べる。

CD C-24

2．いろいろな店にお客が電話をかけます。だれが何をしますか。

例）A：ひかり電気です。

B：ノートパソコンの調子が悪いん

です。この間買ったばかりなのに。

A：それは申し訳ありません。できたら、持って来ていただけませんか。すぐ専門の者に修理させます。

B：じゃ、午後持って行きます。

1）A：引っ越しのはなまるやです。

B：来月、横浜へ引っ越ししたいんですが、いくらぐらいかかりますか。

A：そうですね。荷物は多いですか。

B：家族は3人ですが、……多いですね。

A：まず、荷物を見せてください。よければ、あした係の者を行かせますが。

B：あしたですか。いいですよ。じゃ、ちょっと整理しておきます。

2）A：わかばスーパーでございます。

B：あのう、初めてなんですが、野菜や卵を配達してもらえますか。

A：はい、大丈夫です。どんなものですか。

B：卵10個、みかん1キロ、牛乳1本です。あのう、ほかに、どんなものを配達してもらえるんですか。

A：いろいろできますよ。カタログがあるので、送りましょうか。

B：あのう、できたら、配達のとき、いっしょに持って来ていただけま

68…スクリプト　第48課

せんか。

A：ああ、いいですよ。じゃ、配達の者に持って行かせます。

3) A：はい、中井オートです。

B：もしもし、緑町の山田ですが、車が動かないんです。

A：そうですか。じゃ、午後、係の者に車を見に行かせます。

B：午後は出かけたいんです。すぐ、来られませんか。

A：わかりました。じゃ、わたしがこれから……。

B：じゃ、待っています。

CD C-25

3. クララさんは隣の奥さんと子どものことを話しています。2人の子どもは次のことができますか。

例) A：最近ハンスは学校から帰ったら、ずっとテレビを見ているんです。小さいときから、1時間ぐらいしか見させなかったんですけど。

B：きっと日本語がわかるようになったから、おもしろいんですよ。でも、目が悪くなると、困りますから、あまり見させないほうがいいですよ。

A：そうですね。ハンスと相談して、見る番組と時間を決めて、守らせます。

1) B：息子がこの間から犬が欲しいと

言っているんですけど、動物を飼うのは大変ですよね。

A：わたしの国では、子どもに動物や花の世話をさせて、自然に興味を持たせるんですよ。

B：そうですか。

A：動物が好きだったら、きっと世話をすると思いますよ。

B：じゃ、飼ってもいいでしょうか。

A：でも、飼うまえに、必ず世話をすると約束させたほうがいいですね。

B：ええ、そうします。

2) B：時々ピアノの音が聞こえますね。上手ですね。ハンス君ですか。

A：ええ、わたしが少し教えてやったんです。でも、最近、バイオリンも習いたいと言うので、どうしようか、考えています。

B：わたしも子どもにピアノやバイオリンを習わせましたけど、嫌だと言って、やめてしまいました。でも、ハンス君は音楽が好きなようですから、いいと思いますよ。

A：そうですね。じゃ、やらせてみます。

3) B：ちょっと困っているんです。娘はまだ高校生なのに、留学したいと言うんですよ。

A：留学ですか。いいと思いますよ。若いとき、外国の生活を経験させ

スクリプト　第48課…69

るのはいいことですよ。

B：でも、若すぎるから、心配なんです。まだ15歳なんですよ。

A：ああ、高校に入ったばかりですね。

B：大学生になってから、留学させたほうがいいと思うんです。

A：それがいいかもしれませんね。まあ、娘さんとよく話してみてください。

B：そうですね。私の考えも話してみます。娘もきっとわかってくれますよね。

CD C-26

4. マリアさんは外国人の子どもたちのためにどんなことを頼みましたか。うまくいった場合は、○を、だめな場合は、×を書いてください。そして、次にすることを書いてください。

例） A：すみません。料理教室を開きたいので、ここの台所を使わせていただけませんか。毎週いろいろな国の人が料理を紹介するんです。今度はこどもの日のケーキを作ります。

B：何曜日ですか。

A：水曜日の10時から12時までですが。

B：水曜日ですね。大丈夫ですから、申し込みの書類を出してください。

A：はい。よろしくお願いします。

1） A：すみません。外国人の子どもたちの運動会をしたいんですが、この公園を使わせていただけませんか。

B：運動会ですか。いつですか。

A：10月10日です。

B：10月10日ですか。その日はマラソン大会があるので、ほかの日にしていただけませんか。

A：そうですか。じゃ、もう一度みんなと相談します。

2） A：ちょっとすみません。10月31日に外国人の子どもたちがハロウィンをするんですが、日本人の子どもたちにも来てもらいたいんです。それで、ポスターをこの店にはらせていただけませんか。

B：どのくらいの大きさですか。

A：これなんですが。

B：ああ、大きいですね。ちょっと場所がありませんね。

A：そうですか。

B：すみませんが、隣の店に頼んでみてください。

A：はい、わかりました。

3） A：こんにちは。ちょっと、お願いがあるんですが。

B：はい、何ですか。

A：実は、日曜日に近くの交流センターでクリスマスパーティーをす

70…スクリプト　第48課

るんですが、大勢人が来るので、駐車場が足りなくて、困っているんです。

B：へえ、そうですか。

A：ええ。それで、こちらの駐車場に車を止めさせていただけませんか。お願いします。

B：日曜日ですか。会社は休みなので、どうぞ使ってください。

A：ありがとうございます。

B：すみませんが、この紙にお名前と電話番号を書いてください。

A：はい。

第 49 課

CD C-27

1. ミラーさんは電話で大阪本社の松本部長と話します。松本さんはどんな予定ですか。

例）A：はい、松本です。

B：松本部長、東京のミラーです。お久しぶりです。

A：ああ、ミラーさん。今週の金曜日にそちらで会議がありますね。

B：ええ。会議は9時半からですが、部長は木曜日の晩にこちらへ来られますか。

A：いいえ、朝早く出れば、間に合うから、金曜日に。

B：わかりました。

1）B：何時ごろの新幹線に乗られますか。

A：えーと、6時半ごろですね。

B：わかりました。じゃ、9時ごろ東京に着かれますね。

A：そうですね。

2）B：会議では、大阪の新しいプロジェクトについて話されますね。資料はそちらで全部準備されますか。

A：ええ。あとでメールで送ります。

3）B：会議は3時までですが、それから、どこか行かれますか。

A：うん、マフーへ行く予定ですが、ミラーさんもいっしょにどうですか。いいチャンスだから、マフーの山川さんに紹介しますよ。

B：はい、ありがとうございます。

4）B：夜は何時ごろの新幹線で帰られますか。

A：そうだね。次の日は土曜日だし……。遅くなってもいいですよ。

B：じゃ、こちらで食事されますか。

A：あ、いいですね。

B：いい所がありますから……。

A：楽しみにしていますよ。

B：こちらこそ。じゃ、失礼します。

スクリプト　第49課…71

CD C-28

2. 社長の答えはどうでしたか。

例) A : 社長、もうこの本をお読みになりましたか。

B : うん、おもしろかったね。

1) A : 社長はお酒をおやめになったんですか。

B : うん、絶対にやめられないと思って[い]たんだが……。健康は大切だからね。

2) A : 社長はマフーの新しい部長にお会いになりましたか。

B : マフーの新しい部長? どんな人?

A : 背が高くて、英語がうまい人ですよ。山川さんという方です。

B : ああ、あの人ね。思い出したよ。

3) A : 社長、新しいうちをお買いになるそうですね。

B : いや、違うよ。借りるんだよ。夏休みにね。

A : へえ、どちらですか。

B : ハワイだよ。家族と行くからね。

CD C-29

3. ミラーさんは新しい製品の発表会に行って、レポートを書きました。( )にことばを書いてください。

皆様、きょうはヨーネンの新しい製品『シャントナール』の発表会にようこそいらっしゃいました。ヨーネンはチョコレートの会社ですが、いろいろな研究をして、皆様の健康に役に立つ製品を作っています。

こちらが『シャントナール』です。もうご存じの方もいらっしゃるかもしれませんが、これは薬ではありません。チョコレートです。この色、におい、おいしそうですね。

～～～～～～

『シャントナール』1つの中に1日に必要な栄養とカロリーが全部入っています。

毎日1つ、これを召し上がれば、食事をしなくても、元気に動けます。忙しいわたしたちにほんとうに便利ですね。

この『シャントナール』のすばらしさをわかっていただきたいと思いますので、今からビデオをご覧になってください。普通の食事と『シャントナール』の違いがおわかりになると思います。そのあとで、実際に召し上がっていただきます。では、どうぞ……

いかがでしたか。ご質問、ご意見のある方はどうぞおっしゃってください。『シャントナール』で健康な毎日を! 皆様、どうぞよろしくお願いします。

72…スクリプト 第49課

CD C-30

4. シュミットさんは松本さんのうちへ行きました。何をしますか。

例）A：ごめんください。

B：ああ、シュミットさん、いらっしゃい。さあ、どうぞ、お上がりください。

A：はい、失礼します。

C：あ、どうぞ、これ、おはきください。

A：はい、ありがとうございます。

1）C：どうぞ、お入りください。

A：はい、失礼します。

B：さあ、そちらにお掛けください。そこからは庭がよく見えますから。

A：はい。うわあ、きれいな庭ですね。

B：ええ、妻は花を育てるのが好きなんですよ。

2）C：さあ、お茶にしましょう。どうぞ。これ、わたしが作ったお菓子です。

A：うわあ、おいしそうですね。

C：どうぞ、好きなのをお取りください。コーヒーに砂糖はお入れになりますか。

A：ええ。

C：じゃ、こちらが砂糖です。どうぞ。

3）A：そろそろ時間ですから、失礼します。

B：そうですか。

A：きょうはどうもありがとうございました。

C：いいえ。どうぞ、奥様によろしくお伝えくださいね。

A：はい。では、失礼します。

C：あ、ちょっとお待ちください。よかったら、このお菓子、お子さんにどうぞ。

A：あ、どうもすみません。いろいろ、ありがとうございました。

CD C-31

5. 結婚式でスピーチを聞きました。新郎新婦はどんな人ですか。（　）にことばを書いてください。

皆様、新郎新婦をご紹介します。

新郎の鈴木康男さんは東京でお生まれになりました。16歳のとき、アメリカの高校へ留学されて、将来、英語を使う国際的な仕事をしたいとお考えになったそうです。大学は日本の富士大学で経済を勉強なさいました。卒業されてから、IMCに入られました。それから、３年目にニューヨークに転勤され、去年、日本へ帰って来られました。音楽がお好きで、小さいときからピアノを習っていらっしゃいました。とてもお上手で、今でもいろいろな機会に小さなコンサートを開いていらっ

スクリプト　第49課…73

しゃるそうです。

～～～～～

　新婦のあけみさんは京都でお生まれになり、さくら大学を卒業されました。大学生のときは、ボランティアでアジアへ木を植えに行ったり、地震や台風で困っている人のお手伝いに行ったりしていらっしゃいました。今は、パワー電気に勤めていらっしゃいます。ご趣味はスポーツで、特に柔道がお好きだそうです。将来、ボランティアで世界中の子どもたちに柔道を教えに行きたいとおっしゃっています。

～～～～～

　強くて、元気なあけみさん。優しくて、静かな康男さん。お二人が知り合われたのは去年の11月です。皆様もご存じのワット先生と木村いずみさんの結婚式でした。会って、すぐ、お二人は相手をすてきな人だと思われたそうです。そして、きょう、この幸せな日を迎えられました。ほんとうにおめでとうございます。

第 50 課

CD C-32

1. マリアさんは店でどんなサービスをしてもらいますか。

例) A：あのう、これ、娘の誕生日プレゼントなんです。お祝いの紙で包んでくださいませんか。

　　B：かしこまりました。赤と青がございますが、どちらでお包みしましょうか。

　　A：赤でお願いします。

1) B：お客様、誕生日カードをお入れしましょうか。

　　A：そうですね。かわいいカードがありますか。

　　B：こちらはいかがですか。

　　A：あ、いいですね。

　　B：じゃ、こちらにお祝いのことばをお書きください。

2) B：いらっしゃいませ。

　　A：予約しておいたマリア・サントスですが。

　　B：サントス様。お待ちしていました。こちらでコート、お預かりします。

　　A：どうも、ありがとう。

　　B：ご案内します。どうぞこちらへ。

3) B：きょうはお子さんのお誕生日ですね。ケーキをどうぞ。レストランからプレゼントです。

74…スクリプト　第50課

A：まあ、おいしそう。ありがとうご
　ざいます。
　すみません。写真を撮っていただ
　けませんか。

B：かしこまりました。はい、お撮り
　します。

4) A：ごちそうさま。おいしかったです
　よ。

B：ありがとうございます。

A：お勘定、お願いします。

B：はい。

A：それから、駅までタクシーをお願
　いできますか。

B：かしこまりました。すぐお呼びし
　ます。

CD C-33

2. インタビュー番組を聞きます。きょうのお客様はどんな人ですか。

A：皆さん、こんばんは。「この人に
　聞く」の時間です。きょうは浦島
　太郎さんをお迎えいたしました。

B：こんばんは。浦島太郎と申しま
　す。よろしくお願いいたします。

A：では、伺います。浦島さんは日
　本でとても有名でいらっしゃいま
　す。わたしも子どものときからお
　名前を存じています。どうしてそ
　んなに有名になられたんでしょう
　か。

B：わたしは若いとき、珍しい経験

をいたしました。そのお話がお
母さんから子どもに、その子ども
からまたその子どもに伝えられま
した。

A：どんなご経験か、聞かせてくださ
　いませんか。

B：はい。昔、ある日、海岸を散歩
　しておりました。かめが子どもた
　ちにいじめられていたので、助け
　てやりました。

A：お優しいですね。

B：かめはお礼にわたしを海のお城に
　連れて行ってくれました。そこで
　きれいなお姫様が迎えてください
　ました。魚たちと踊ったり、
　歌ったりして、とても楽しい毎日
　を過ごしました。そして、お土産
　に箱を1ついただいて、村へ帰り
　ました。

A：よかったですね。

B：でも、村にはわたしのうちがあり
　ませんでした。村の人もみんなわ
　たしが知らない人でした。「浦島
　太郎のうちを知りませんか」と聞
　きましたが、みんな「300年ぐら
　いまえに浦島という人がいたそう
　だが……」と答えました。

A：へえ。それで、どうなさいました
　か。

B：わたしは悲しくなって、絶対に開
　けないと約束していたお土産の箱

スクリプト　第50課…75

を開けてしまいました。

A：何かいい物が入っていましたか。

B：いいえ、白い煙だけでした。そして、わたしは急におじいさんになってしまったんです。

A：びっくりなさったでしょうね。煙は何だったと思いますか。

B：時間だと思います。箱の中には時間が入っていたんです。3週間ぐらいだと思ったのは、実は300年だったんです。

A：ふーん。それから、どうなさいましたか。

B：海に戻りました。

A：じゃ、お姫様にお会いになりましたか。

B：ええ。実は、お姫様が好きだったので、結婚してくださいと言いました。でも、わたしがこんなにおじいさんになっていたので、結婚してくれませんでした。

A：そうですか。残念ですね。ところで、今は何をなさっていますか。

B：かめに乗って、世界中を旅行しております。

A：そうですか。今の世界をご覧になって、どう思われますか。

B：そうですね。世界のいろいろな所で戦争が行われています。たくさんの子どもが泣いています。子どもたちのために、今すぐ戦争

をやめなければならないと思います。

A：ほんとうにそうですね。きょうはどうもありがとうございました。

CD C-34

3. ミラーさんは会話のあとで、何をしますか。

例）C：パワー電気でございます。

A：IMCのミラーと申します。

C：いつもお世話になっております。

A：森さんはいらっしゃいますか。

C：申し訳ありません。ただ今、席を外しておりますが。

A：そうですか。じゃ、またお電話します。

C：よろしくお願いいたします。

1）C：パワー電気でございます。

A：IMCのミラーですが、森さん、いらっしゃいますか。

C：ただ今、ほかの電話で話しておりますが、……あ、終わりました。少々お待ちください。

2）A：森さん、実は新しい製品のことで、ぜひ一度お目にかかって、ご説明したいんですが。

B：わかりました。

A：きょうのお昼ごはんをごいっしょにいかがでしょうか。

B：けっこうです。どちらで？

A：こちらからお迎えに参ります。近

くにいいレストランがありますの
で、予約しておきます。

B：では、お待ちしています。

3）A：きょうのお話のことで、来週お
電話してもよろしいでしょうか。

B：来週は……出張しております。

A：そうですか。いつお帰りになりま
すか。

B：来週の週末です。

A：では、さ来週の月曜日にご連絡
してもよろしいでしょうか。

B：いや、こちらからご連絡します。

A：そうですか。お待ちしておりま
す。

こはご遠慮ください。また、コン
サート中は、携帯電話の電源をお切
りください。では、皆様、ごゆっく
りお楽しみください。

3）きょうは映画「みんなの家」をご覧い
ただき、ありがとうございました。
どうぞ、お忘れ物がないように、ご
注意ください。また、たいへん込ん
でおりますので、お出口は横の1番
から3番までをご利用ください。

CD C-35

4．いろいろなアナウンスを聞きました。どうしなければなりませんか。

例）お客様のお呼び出しを申し上げます。
ワン・シュエ様、ワン・シュエ様、
いらっしゃいましたら、1階靴売り
場までお越しください。

1）JL935便のお客様、お待たせいたし
ました。ただ今から、ご案内いたし
ます。番号をお呼びいたしますので、
係員にチケットとパスポートをお見
せになって、お入りください。では、
まず、チケットの番号が1番から20
番までの方、お越しください。

2）皆様にお願いいたします。こちらの建
物は禁煙になっております。おたば

スクリプト　第50課…77

答え

2）a ①b ②b

第 26 課

1. 1）d ③　2）e ①　3）b ⑤
2. 1）b　2）b　3）a
3. 1）⑤　a　2）④　a　3）②　b
4. 1）h ④　2）f ①　3）g ③

第 27 課

1. (1)　①　b　(2)　⑥　f
　　(3)　⑤　c　(4)　②　d
　　(5)　④　e
2. 1）×→（食堂の隣の）小さいキッ
　　　チンでする
　　2）×→食堂でする
　　3）○
3. 1）④　a　2）①　b　3）②　a
4. ①あります　②ありません
　　③見えません　④部屋　⑤聞こえます
　　⑥悪い／よくない　⑦できません
　　⑧できません

第 28 課

1. 1）a　2）b　3）a
2. (1)a　(2)a　(3)b
3. 1）a　大学の食堂　カレー
　　2）a　うち　b　3）b
4. 1）a ①a ②b

第 29 課

1. 1）b　2）b　3）a
2. 1）a　2）b　3）b
3. 1）1　スピーチ　覚えた
　　2）2　レポート／宿題　書いた／やった
　　3）1　本　読んだ
4. 1）b　2）c
5. 1）e　まちがえた　①
　　2）c　落とした　②

第 30 課

1. 1）d ⑥　2）e ②　3）c ③
2. b
3. 1）a　置いて　b　はって
　　2）g　置いて
　　3）e　しまって
4. 1）a．×　b．○
　　2）a．×　b．○
　　3）a．○　b．×
　　4）a．○　b．×
　　5）a．○　b．×

第 31 課

1. 1）a　b　2）b　3）a

2. 1）b　2）a　3）b

3. 1）①料理　②レストラン
　　　③（自分の）店
　　　④（おいしい）料理
　　2）①はい　②動物
　　　③（動物の）病院　④ことば

4. 19　土

第 32 課

1. 1）b　2）a　3）a

2. 準備：a　b
　　もし地震があったら：a　c

3. 1）a　②　2）b　①

4. 1）雨が降る　b
　　2）（何か）悪いことがある　c

第 33 課

1. 1）a　2）b　3）a

2. 1）⑤　a　2）④　b　3）②　b

3. 1）e　2）a　3）c

4. 1）b　2）c　3）c

第 34 課

1. 1）b　2）a　3）c

2. 3．c　4．f　5．e　6．g

8．d　9．h

3. 1）c　2）b　3）c　4）a

4. (1)×　(2)○　(3)×　(4)×

第 35 課

1. 1）c　2）e　3）a

2. b　10万

3. 1）b　a　2）a　b　3）a　a

4. 1）東京の町　⑥　2）紅葉　⑦
　　3）桜　②

第 36 課

1. 1）b　③　2）d　②　3）e　①

2. 1）c　2）a

3. 1）目　d　h　2）声　e　c
　　3）手　b　f

4. 1）b　2）b　3）a

第 37 課

1. 1）b　a　2）b　a
　　3）a　b　4）b　a

2. 1）④　2）⑤

3. 1）900　c　かいた
　　2）1887　f　発明した
　　3）4000　d　作った
　　4）17　b　輸入した

4. ①300　②遊ぶ　③手伝う　④覚える／
　　話す　⑤歌う　⑥（小さい）子ども

答え　第 31 ～ 37 課…79

⑦外国語／いろいろなことば

第 38 課

1. 1）b （お金の）むだだ
　　2）a　寂しい
　　3）b　楽しい
2. 1）b　②　a　2）f　④　a
　　3）g　①　b
3. ①　②
4. 1）中国　小さい　2）沖縄　日本
　　3）日本　中国　経済
5. 1）a　2）c　3）c

第 39 課

1. 1）c　2）c　3）b
2. 1）b　②　2）a　①
3. 1）（心の）病気　b　2）雪　a
　　3）けが　a
4. 1）④　a　2）⑤　b
　　3）②　b

第 40 課

1. 1）b　2）c　3）a
2. 1）①住んで　②両親
　　　　③アルバイト
　　2）④勉強します　⑤好きです
　　3）⑥結婚し　⑦子ども
3. 1）③　a　2）⑥　f

3）②　e　4）①　d
4. 1）b　2）b　3）a

第 41 課

1. 1）先生　③　b　2）祖母　⑤　b
　　3）孫　②　a
2. 1）③　2）①　②
3. 1）b　2）a　3）b
4. 1）f　2）c　3）d

第 42 課

1. 1）d　2）e　3）b
2. 1）b　2）a　3）a
3. 1）100　2）200　3）300
　　4）200　5）1,160　6）0
　　7）50　8）20　9）0
　　10）0　11）30　12）100

第 43 課

1. 1）c　2）b　3）a
2. 1）c　2）a　3）b
3. 1）c　2）a　3）b
4. 1）d／③　c　2）e／④　c
　　3）b／⑥

第 44 課

1. 1）d　①　2）a　②　3）e　①
2. (1)　×　(2)　×　(3)　○
3. 1）b　歌い　やすい
　　　2）d　走り　にくい
　　　3）a　乗り　やすい
4. 1）c　2）e　3）a
5. b
6. b　b　b

第 45 課

1. 1）①乗らない　②警察
　　　　③呼んでもらう
　　　2）①台風　②閉めておく　③自転車
　　　3）①火事　②非常口　③やけど
2. 1）せきがひどい　e
　　　2）まだ（胃が）痛い　b
　　　3）様子が変な　d
3. 1）d　⑤　2）e　②　3）b　④
4. 1）同じ仕事をしている　e
　　　2）残業した　c
　　　3）（朝）早く来た　b

第 46 課

1. 1）c　2）a　3）c
2. 1）b　2）a　3）c
3. 1）c　2）a　3）b
4. 1）b　2）a　3）a

第 47 課

1. 1）d　2）a
2. 1）a　2）b
3. 1）インターネット　木　b　b
　　　2）新聞　a　50万
　　　3）インターネット　b　b　a
4. 1）c　g　2）b　h
　　　3）d　j　4）k　f

第 48 課

1. 1）a　させます　①
　　　2）a　行かせます　③
　　　3）b　読ませます　⑤
　　　4）a　食べさせます　②
2. 1）①　a　2）⑤　a　3）④　b
3. 1）○　2）○　3）×
4. 1）a　×　みんなと相談する
　　　2）b　×　隣の店に頼む
　　　3）b　○　名前と電話番号を書く

第 49 課

1. 1）9時　着く　2）話す　する
　　　3）会議　行く　4）食事して　帰る
2. 1）やめた　2）会った　3）借りる
3. ①食べれ　②見て
　　　③食べた　④言った
4. 1）b　2）a　3）b
5. (1)①16歳　②留学した／行った

答え　第 44 ～ 49 課…81

③経済　④入って　⑤転勤した

⑥ピアノを弾く

⑦（小さい）コンサート

(2) ①京都　②卒業した　③アジア

④地震や台風　⑤勤めている

⑥スポーツ／柔道　⑦子どもたち

⑧柔道

(3) ①11月　②結婚式

③知り合った／会った

第 50 課

1. 1）e　2）d　3）b　4）c

2. ①b　②a　③b

④b　⑤a　⑥a

3. 1）b　2）a　3）a

4. 1）a　2）a　3）b